마주 보는 세계사 교실

04

지구촌 시대가 열리다

웅진주니어

마주 보는 세계사 교실 | 04 | 지구촌 시대가 열리다

초판 1쇄 발행 2008년 7월 15일
초판 45쇄 발행 2023년 3월 28일

글쓴이 조영헌 | 그린이 권재준, 김수현
발행인 이재진 | 도서개발실장 안경숙 | 편집인 이화정 | 책임편집 김상미
아트디렉터 이은영 | 디자인 김세진
기획 장산꽃매, 길유진 | 편집 이길호, 엄수연, 신미경, 이효진, 윤정 | 교정 박사례
마케팅 정지운, 박현아, 원숙영, 신희용, 박소현, 김지윤 | 제작 신홍섭

펴낸곳 (주)웅진씽크빅
주소 경기도 파주시 회동길 20 (우)10881
문의전화 031)956-7403(편집), 031)956-7088, 7569(마케팅)
홈페이지 www.wjjunior.co.kr | 블로그 blog.naver.com/wj_junior | 페이스북 facebook.com/wjbook
트위터 @wjbooks | 인스타그램 @woongjin_junior
출판신고 1980년 3월 29일 제406-2007-00046호 | 제조국 대한민국

ⓒ 조영헌, 2008 (저작권자와 맺은 특약에 따라 검인을 생략합니다.)

ISBN 978-89-01-08498-5
ISBN 978-89-01-07496-2(세트)

웅진주니어는 (주)웅진씽크빅의 유아·아동·청소년 도서 브랜드입니다.
이 책은 저작권법에 따라 보호받는 저작물이므로 무단전재와 무단복제를 금지하며,
이 책 내용의 전부 또는 일부를 이용하려면 반드시 저작권자와 (주)웅진씽크빅의 서면동의를 받아야 합니다.

잘못 만들어진 책은 바꾸어 드립니다.
※주의 1_책 모서리가 날카로워 다칠 수 있으니 사람을 향해 던지거나 떨어뜨리지 마십시오.
    2_보관 시 직사광선이나 습기 찬 곳은 피해 주십시오.
웅진주니어는 환경을 위해 콩기름 잉크를 사용합니다.

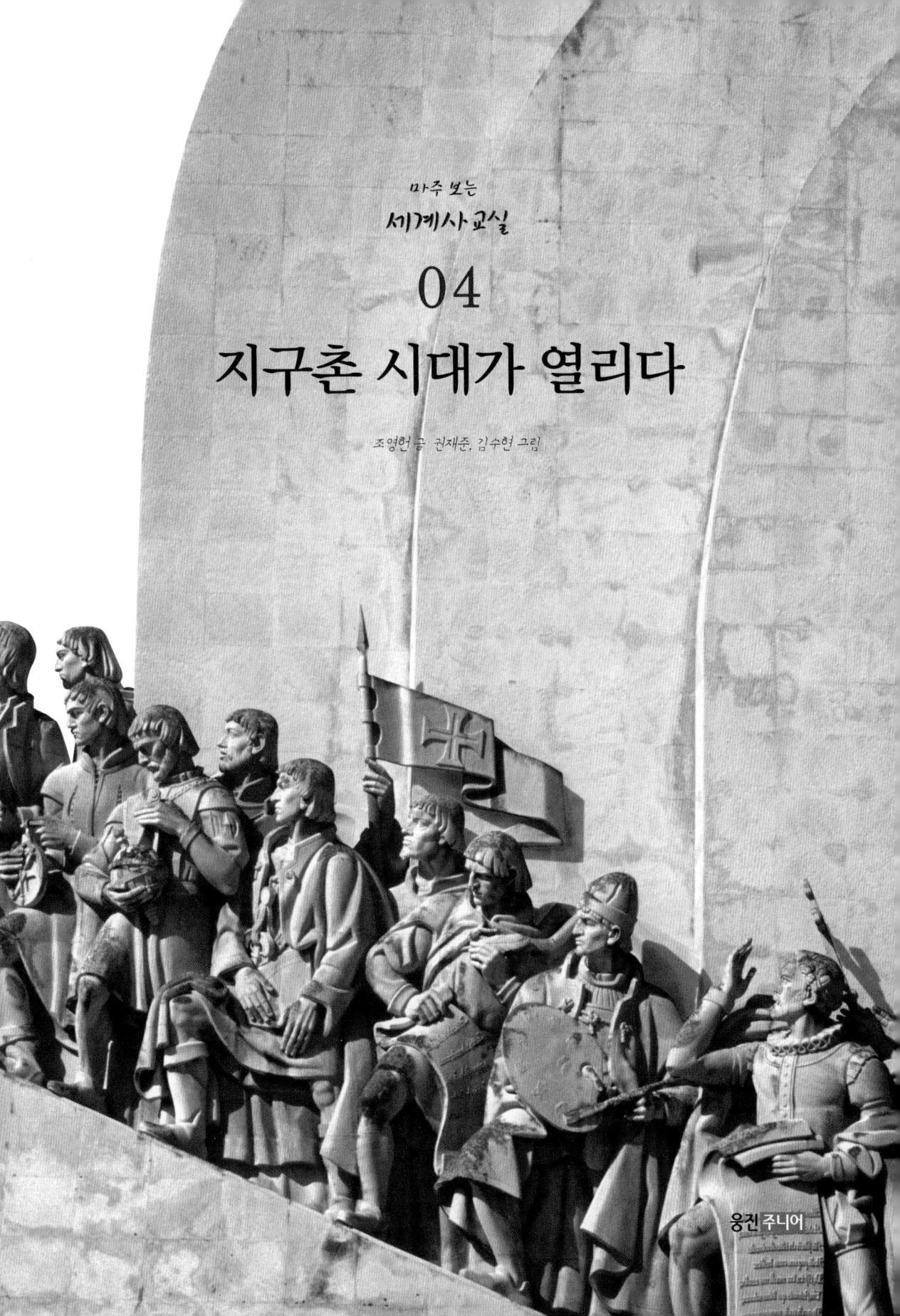

마주 보는
세계사 교실

04
지구촌 시대가 열리다

조영헌 글 권재준, 김수현 그림

웅진주니어

글쓴이의 말

지구촌 시대의 개막과 교역망의 개편

'지구촌'이라는 말, 많이 들어 봤지? 지구를 하나의 마을에 빗대어 표현한 거란다. 이 말처럼 교통과 통신의 발달로 세계의 각 나라는 밀접하게 연관을 맺으며 살아가고 있어. 그러면 이렇게 나라와 나라, 대륙과 대륙 사이의 교류가 일상적인 일이 된 것은 언제부터였을까? 1492년에 콜럼버스가 아메리카에 발을 디뎠을 때부터? 아니, 1497년에 바스쿠 다 가마가 인도 항로를 발견했을 때부터라고?

저런! 그렇게 생각한다면 세계 역사에서 아시아보다 유럽이 앞서 왔고, 주도권을 더 많이 쥐어 왔다고 오해하고 있는 건지도 모르겠구나. 사실 세계사의 큰 흐름에서 보았을 때 아시아가 유럽보다 훨씬 먼저, 훨씬 뛰어난 발전을 보였단다. 그리고 아시아와 유럽의 교역이 활발해지도록 노력한 것은 유럽이 아니라 아시아, 그 가운데에서도 이슬람 제국들과 몽골 제국을 꼽을 수 있어. 특히 몽골 제국이 13세기에 유라시아 대륙을 지배할 정도로 힘이 강력했다는 것은 알고 있지? 그 무렵 유럽과 아시아는 육로를 통해 하나로 묶인 교역망을 이미 경험했단다. 이때의 경험은 훗날 본격적인 아시아와 유럽 사이의 교류를 낳는 중요한 계기가 되었지.

하지만 1800년 이후로는 상황이 뒤집혀서, 유럽이 세계 역사를 이끌어 가기 시작했어. 왜 이렇게 되었을까? 4권에서는 바로 이 질문에 대한 답을 들려줄 거란다.

이 책에서 다루는 1400~1600년 무렵은 여전히 아시아 여러 나라의 힘이 강했지만, 한편으로 국제 교역망에 새롭게 진출한 유럽의 잠재력이 폭발하는 시기란다. 따라서 이 시기의 지구촌을 잘 이해하려면 두 가지 시선을 동시에 지녀야 해.

하나는 이 시기 국제 교역의 중심축을 이룬 명, 무굴 제국, 오스만튀르크 제국 같은 아시아 여러 나라의 저력이 무엇이었고, 그 힘이 왜, 언제부터 약해졌는가를 살펴보는 거야. 다른 하나는 에스파냐, 포르투갈, 영국 같은 유럽 나라들이 어떻게 해서 국제 질서를 다시 짜 나가게 되었고, 왜, 언제부터 그런 움직임이 시작되었나를 살피는 거야.

이와 관련해 길을 누가, 어떻게 손에 넣었는지 매우 관심있게 살펴볼 필요가 있어. 사람이 오가고, 사상이 퍼지며, 교역이 이루어지는 것 모두가 길 위에서 벌어지기 때문이지. 8세기 무렵부터 세계 교역망의 중심은 점차 육지에서 바다로 옮겨 갔단다. 바닷길은 육로에 비해 더 다양한 방향으로 얼마든지 뻗어 갈 수 있었고, 더 많은 상품을 더 빠르고 싼 비용으로 옮길 수 있었기 때문이지. 그러다가 15세기 무렵에는 전 세계가 바닷길로 이어졌고, 그 바닷길의 주도권을 쥐기 위한 경쟁이 치열해졌어.

오늘날 '세계 경영'이라는 말을 흔히들 쓰는데, 바로 이 무렵부터 본격적인 세계 경영이 시작되었다고 할 수 있을 거야. 외따로 떨어져 있던 각각의 문명권이 이 무렵부터 서로의 존재를 확인하고, 지속적으로 교역 관계를 맺기 시작했으니 말이야. 즉, 바닷길을 훤히 알고, 효과적으로 이용한 이들이야말로 '세계 경영'의 선구자라고 할 수 있겠구나.

그런데 오해는 하지 마. 우리가 살펴보려는 것은 누가 이 시기에 바닷길을 손에 넣었는가 하는 게 결코 아니야. 누구도 바닷길을 독점할 수는 없단다. 다만 그때그때의 상황, 노력 등에 따라 주도하는 이가 바뀌어 갔을 뿐이야.

그렇다면 이제부터 1400~1600년 무렵, 바닷길을 둘러싸고 어떤 일들이 벌어졌는지 살펴보도록 할까?

2008년 7월 조영헌

차례

1 지구촌 시대의 개막

동아시아 세계의 안정과 발전 10   클릭! 역사 속으로 | 인도양을 누빈 명의 항해왕, 정화 21

인도와 동남아시아의 향료 무역 22   클릭! 역사 속으로 | 믈라카 술탄국을 세운 파라메스와라 29

지중해 세계의 번영 30   클릭! 역사 속으로 | 르네상스의 천재 예술가, 미켈란젤로 39

새로운 바닷길의 발견 40   클릭! 역사 속으로 | 유럽의 대항해 시대를 연 엔히크 51

아, 그렇구나 | 최고의 항해왕은 누구일까? 52

2 새로운 예술과 학문의 등장

동아시아에서 꽃핀 학문과 예술 56
클릭! 역사 속으로 | 조선의 큰 학자, 이황과 이이 67

오스만튀르크와 페르시아의 번영 68
클릭! 역사 속으로 | 오스만튀르크 건축의 아버지, 미마르 시난 79

새로운 예술과 과학이 등장한 유럽 80
클릭! 역사 속으로 | 천문학의 역사를 다시 쓴 코페르니쿠스 91

낡고 부패한 교회에 맞선 종교 개혁 92
클릭! 역사 속으로 | 종교 개혁 깃발을 높이 든 마르틴 루터 103

아, 그렇구나 | 사는 방식이 다르면 생각도 달라요 104

3 세계 교역망의 개편

에스파냐의 식민지가 된 아메리카 108
클릭! 역사 속으로 | 아메리카를 인도로 착각한 콜럼버스 119

무굴 제국의 등장과 번영 120 클릭! 역사 속으로 | 열린 귀를 가진 무굴의 황제, 악바르 131

동남아시아의 포르투갈과 에스파냐 132 클릭! 역사 속으로 | 세계 일주에 최초로 도전한 마젤란 143

국제 교역의 중심지로 떠오른 동아시아 144
클릭! 역사 속으로 | 명을 새롭게 일으킨 개혁 정치가, 장거정 155

아, 그렇구나 | 은이 세계 경제를 움직여요 156

4 치열한 경쟁과 새로운 질서

유럽 최고의 강국이 된 에스파냐 160 클릭! 역사 속으로 | 『돈키호테』를 지은 세르반테스 171

동아시아에 전해진 유럽 문명 172 클릭! 역사 속으로 | 자명종을 든 선교사, 마테오 리치 183

에스파냐를 뒤쫓는 두 나라 184
클릭! 역사 속으로 | 영국 문화를 한 단계 높인 셰익스피어 195

동아시아의 새로운 질서 196
클릭! 역사 속으로 | 일본을 통일한 두 주역, 노부나가와 히데요시 207

아, 그렇구나 | 총과 화포의 시대 208

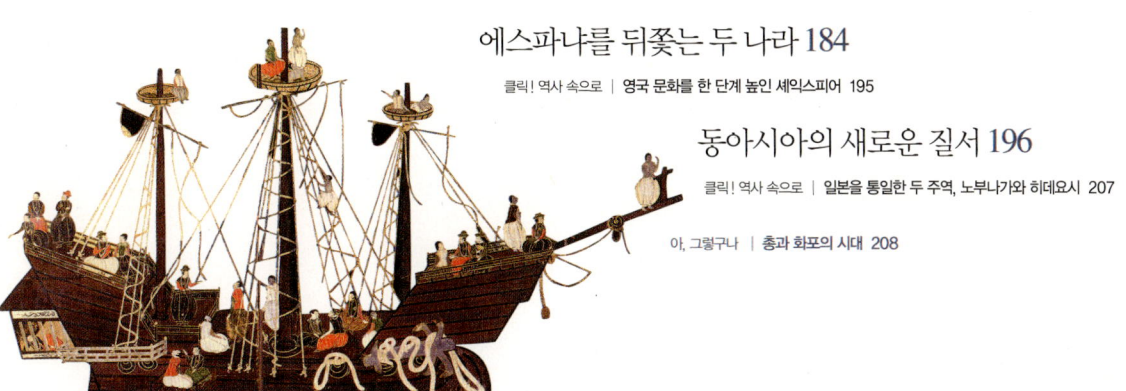

연표 210   찾아보기 212

1

지구촌 시대의 개막

1400년 ~ 1530년

14세기 중반에 몽골 제국이 몰락하자 육로를 통한 동서 교역망도 빠르게 무너져 갔어. 하지만 바닷길의 생명력은 끄떡없었단다. 향료 무역을 통해 큰돈을 벌던 무슬림 상인들이 변함없이 교역을 벌였고, 명의 대규모 원정단에 이어 유럽의 소규모 원정단도 바닷길을 오갔지.

이처럼 바닷길은 꽤 북적거렸지만, 무력 충돌은 그다지 많이 일어나지 않았단다. 동쪽에서 온 항해자나 서쪽에서 온 항해자 모두 아직 바닷길에 익숙하지 않았기 때문이지. 그들의 눈은 호기심으로 가득 차 있었으나, 발걸음은 상당히 조심스러웠지.

그러나 바닷길이 평화롭던 시간은 그리 오래가지 못했어. 장거리 교역에서 돈 맛을 본 유럽 사람들이 너도나도 아시아와 교역을 하기 위해 바다로 나섰거든. 하지만 아시아의 반응은 시들했어. 인도와 동남아시아는 지금의 상태를 유지하고 싶어 했고, 명 역시 유럽과 교역하는 데에 큰 매력을 느끼지 못했어. 이제부터 전 세계를 잇는 바닷길 교역망이 어떻게 바뀌어 갔는지 살펴보도록 하자.

동아시아 세계의 안정과 발전

세계 각 지역이 가깝게 연결되기 시작한 것은 언제부터였을까? 바로 칭기즈 칸과 그의 후손들이 몽골 제국을 세우고 아시아와 유럽에 걸쳐 넓은 땅을 지배하던 13세기 무렵부터란다.

몽골 제국이 다스리던 땅에서는 국경이 무너져 교역 장벽이 사라졌어. 그에 따라 수많은 사람이 아시아와 유럽 사이를 오가으며, 하나로 묶인 교역망 안에서 많은 영향을 주고 받았지. 13세기 몽골 제국 때 만들어진 교역망은 그 뒤 본격적인 지구촌 시대를 여는 중요한 밑바탕이 되었어. 그럼, 몽골 제국 이후 동아시아 교역망의 모습을 살펴보자꾸나.

| 명이 동아시아를 조공 무역으로 묶다 |

14세기 들어서 몽골 제국 내부에서는 분열이 일어나고 상업이 기울어 갔어. 여기에 곳곳에서 반란까지 일어나 몽골 제국은 큰 혼란에 빠져 들었지. 1368년, 마침내 반란 세력의 하나인 주원장이 명을 세우고 몽골을 중국 땅에서 몰아냈어.

주원장은 상업과 교역을 장려한 몽골의 대칸들과는 다른 경제 정책을 폈어. 즉, 다른 나라와 교역을 하기 위해 해외로 나가는 것을 금지하는 해금 정책을 펼친 거야. 그뿐만 아니라 외국 상인들이 명에 와서 자유롭게 교역하는 것도 막았지. 그럼, 주원장은 왜 이토록 교역을 막았을까?

복원한 정화의 배이다. 정화는 명 초기에 영락제의 명령에 따라 60여 척의 대형 선박에 2만 명이 넘는 수행원을 이끌고 인도양을 누볐다.

15세기 초의 명 영토와 정화의 항해 경로를 표시한 지도이다.

주원장이 명의 수도로 삼은 난징은 강남 지역에 자리 잡고 있어, 매우 풍요로운 곳이었어. 송 대부터 농업과 수공업이 크게 발달하고, 기름진 땅이 많이 개발되었거든. 그러니 주원장은 굳이 다른 나라와 교역을 할 필요를 못 느꼈어. 더욱이 주원장은 외국이 무슬림이나 그리스도 교도들과 교역을 하다 보면 중국의 고유한 전통이 훼손당할 것이라고 여겨 다른 나라와의 교역을 달갑게 여기지 않았던 거야.

그렇다고 명이 다른 나라와 전혀 교역을 하지 않은 것은 아니야. 주원장은 이웃 나라에 사신을 보내 조공 책봉 체제를 받아들이도록 강요했어. 조공 책봉 체제란 '주인의 나라'인 중국이 다른 나라를 '신하의 나라'로 임명하면, '신하의 나라'는 보답으로 특산물을 바치고 신하의 도리를 맹세하는 것이란다.

조공 책봉 체제는 꽤 불평등했지만, 많은 나라가 이를 받아들일 수밖에 없었어. 당시 명은 세계에서 가장 크고 물자가 풍부한 나라여서 함부로 대할 수 없었기 때문이지. 조공 책봉 체제를 받아들이고 조공단을 보내야만 명과 공식적으로 무역을 할 수 있었어. 즉, 무역을 위해 불평등한 체제를 받아들였던 거야. 바꾸어 말하면, 명은 조공 책봉 체제를 통한 교역을 앞세워 이웃 나라들을 통제했다고 할 수 있어.

이와 같은 명의 교역 정책은 주원장의 아들인 영락제 시대에 더욱 강화되었어. 영락제는 매우 적극적으로 조공 책봉 체제를 펼쳤어. 영락제는 대규모 항해단을 만들어 정화*를 지휘관으로 삼아 동남아시아, 인도는 물론 멀리 아프리카에까지 여러 차례 파견했어.

정화*
중앙아시아의 이슬람교 집안 출신이다. 어릴 때 명에 끌려와 환관이 되었고, 영락제가 황제 자리를 두고 싸울 때 공을 세웠다. 그 뒤 환관의 우두머리인 태감이 되었다. 영락제의 명으로 1405년부터 20여 년 동안 대선단을 지휘하며 일곱 차례나 인도양을 누비며 20여 나라와 외교 관계를 맺었다.

정화는 1405년부터 일곱 차례에 걸쳐 해외 원정을 떠났어. 2만 명이 넘는 수행원이 60척이 넘는 대형 선박에 나누어 탔을 정도로 항해단의 규모는 대단했어. 정화는 인도양을 거쳐 아프리카까지 닿는 대항해에 성공했지. 이것이 가능했던 것은 이미 송 대부터 강남 지역의 상인들이 동남아시아와 인도, 아프리카까지 누빈 경험이 있었기 때문이야. 그 덕분에 정확한 항해 정보, 먼 바다를 여행할 수 있을 만큼 튼튼하고 큰 배를 만드는 기술, 앞선 항해술 등 대항해에 필요한 조건이 갖추어져 있었어.

정화의 대항해 장면을 새긴 조각이다. 정화는 인도양을 누비며 20여 나라와 외교 관계를 맺는 등 명의 조공 책봉 체제를 강화했다.

영락제는 대규모 항해단을 여러 차례 내보냈지만, 훗날 유럽의 왕들처럼 새로운 지역을 정복하거나 개인적인 이익을 꾀하려는 욕심을 부리지는 않았어. 그 대신 명의 권위를 과시하고, 좀 더 강력한 조공 책봉 체제를 세우려는 욕심이 있었지. 대항해를 통해 명은 20여 나라와 외교 관계를 맺고, 아프리카까지 세력을 떨쳤어. 영락제 시절에 명의 상인들은 정부의 강력한 보호 아래 아랍, 인도 상인들과 활발하게 교역을 벌였어.

하지만 영락제가 죽은 뒤로 명은 더는 대규모 항해단을 보내지 않았어. 굳이 위험하게 해양 무역을 벌이지 않아도 나라 살림을 꾸릴 수 있을 정도로 자원이 풍족했기 때문이야. 또 황제는 진귀한 물품이 필요하면 조공을 통해 얼마든지 구할 수 있었거든.

이렇듯 명은 풍부한 자원과 강력한 국력을 바탕으로 동아시아와 동남아시아를 조공 무역으로 묶어 놓았어. 그래서 포르투갈과 에스파냐가 뒤늦게 인도양 무역에 뛰어들었을 때, 그 나라들 역시 명과 교역하려면 조공 무역의 질서를 따를 수밖에 없었지. 당시는 아직 포르투갈과 에스파냐의 힘이 크지 않았거든.

유럽의 국가들이 조공 무역이 부당함에 대해서 자신 있게 항의할 수 있는 힘이 생긴 건 그로부터 300년쯤 흐른 뒤란다. 즉, 15~16세기 동안 아시아와 유럽을 연결하는 교역망의 한편에는 명이 이끄는 조공 무역이 자리 잡고 있었어.

| 일본이 해외 교역에 힘을 쏟다 |

명을 세운 이듬해, 주원장은 일본에 사절을 보내 조공을 바치라고 요구했어. 당시는 일본도 정권이 바뀌어 무로마치 바쿠후가 일본을 다스렸어.

바쿠후는 원래 전쟁 때 쇼군*이 머물던 근거지를 뜻하는 말인데, 나중에는 무사 정권을 가리키는 말이 되었지. 일본에 무사 중심의 바쿠후 정권이 처음 등장한 것은 12세기 말이야. 쇼군이었던 미나모토 요리토모가 세력을 키워 1192년에 일본 최초의 무사 정권인 가마쿠라 바쿠후 시대를 열었지.

그러다가 1332년, 가마쿠라 바쿠후에 권력을 빼앗기고 눌려 지내던 일본 왕이 아시카가 다카우지 등과 손잡고 가마쿠라 바쿠후를 무너뜨렸어.

쇼군*
장군이라는 뜻으로, 일본의 무가 정권인 바쿠후의 우두머리를 이르는 말이다. 원래는 토벌군의 총대장을 의미하는 말이었다. 12세기 초, 가마쿠라 바쿠후 시대에 처음 사용했다. 쇼군은 약 700년 동안 이어지다가 1867년에 일어난 메이지 유신으로 없어졌다.

일본 왕은 가마쿠라 바쿠후를 무너뜨린 뒤 왕 중심의 세상을 세우려고 했어. 그러자 왕을 도왔던 아시카가가 왕을 상대로 반란을 일으켰어. 군사력이 약했던 일본 왕은 일본 남부로 몸을 피해 그곳에 정부를 세웠고, 아시카가는 허수아비 왕을 내세워 무로마치 바쿠후를 세우고 일본 북부를 다스렸어. 이 시대를 남북조 시대라고 부른단다. 남북조 시대는 무로마치 바쿠후가 일본 전역을 다시 통일할 때까지 60년 가까이 이어졌어.

남북조 시대에 중앙 정부의 힘은 크게 약해졌어. 반면에 지방 영주들은 남과 북의 두 정부 사이에서 줄다리기를 하며 힘을 키웠단다. 그 가운데 힘이 센 영주들은 힘이 약한 영주들의 땅을 빼앗아 더욱 세력을 키웠어. 그뿐만 아니라 영주들은 경쟁에서 이기기 위해 교역을 통해 필요한 물건들을 들여왔어. 명, 고려와 교류하는 데에는 서부 해안이 유리했기 때문에 이 지역이 크게 발전했지.

한편, 이 무렵 일본 쓰시마 섬을 중심으로 왜구들이 크게 세력을 떨쳤어. 왜구들은 평소에는 어업이나 무역으로 생계를 꾸리다가, 먹고살기 어려워지면 해적으로 돌변했어. 왜구들은 수십 척에서 수백 척에 이르는 대규모 선단을 거느리고, 중국과 한반도의 해안 지역을 휩쓸고 다니며 약탈을 일삼았어. 그들은 사람들을 사로잡아 가서 일본 영주의 노예로 팔아넘기기도 했단다. 그런가 하면 왜구들은 명에서 동전을 수입하고, 일본의 은을 수출했단다. 이것은 왜구가 단순히 약탈만 일삼는 해적 떼가 아니라, 물자와 인질을 대규모로 거래하는 불법 무역상에 가까웠음을 보여 주는 거란다. 해적이자 무역상, 두 얼굴을 지닌 해상 세력이라고 불러야 할까? 왜구의 무역은 민간 차원에서 이루어진 반면, 조공 무역은 정부 차원에서 이루어진 공식적인 무역이었단다.

무로마치 바쿠후가 남북으로 갈라졌던 일본을 통일하자, 14세기 말부터 일본은 안정을 찾아 갔어. 일본 정부는 원성을 많이 사 온 왜구를 단속하는 한편, 명에 신하를 파견해서 조공 무역에 끼어들었단다. 무로마치 바쿠후는 무역 관계를 안정시

감합 무역*
무로마치 바쿠후 시대 명과 일본 사이에 이루어진 무역 방식이다. 명 정부가 무역을 통제하기 위해 발행한 감합이라는 사절 증명서를 지참한 선박들만 자유롭게 중국을 오갈 수 있었다.

류큐*
류큐는 오키나와의 옛 이름이다. 15세기 초에 등장해 19세기 중반에 일본의 침략을 받아 멸망했다. 중국이나 동남아시아, 조선 등과의 무역으로 번영했다. 홍길동이 찾아 나선 율도국이 이곳이라는 이야기가 전해 오며, 류큐 유적은 세계 문화유산으로 지정되어 있다.

키려고 감합 무역*을 통해 명에서 엄청난 양의 명의 동전과 문물을 수입했어. 당시 일본에서는 물건을 사고팔거나 세금을 내는 데에 동전을 사용했어. 그런데 일본에서 만든 동전보다 명에서 들여온 동전의 질이 훨씬 좋았기 때문에 명의 동전이 인기가 높았단다.

당시 일본은 명과 교류하는 데에 큰 비중을 두긴 했지만, 그 밖의 여러 나라와도 국제 무역을 벌였어. 일본은 섬나라여서 명의 간섭으로부터 어느 정도 자유로웠어. 또 일본 국내 정치 역시 여러 바쿠후 세력이 권력을 나누어 쥐고 있었으므로, 무역

대상국이 그만큼 다양했던 거야.

　무로마치 바쿠후 정권은 조공 체제에 함께 속해 있던 조선과 대등한 입장에서 사절단을 주고받았어. 그리고 동남아시아 나라들과 점차 교역을 확대해 나가면서, 동남아시아 중개 무역의 중심지로 떠오른 류큐* 왕국과도 교류했지. 나중에는 명에서 배운 감합 무역 방식을 동남아시아를 상대로 써먹기도 했어. 이처럼 이미 14세기 후반부터 일본은 동남아시아까지 교역망을 넓혀 나갔어. 그리고 16세기 중반부터는 포르투갈, 에스파냐와 본격적으로 무역을 벌여 나갔지.

| 조선의 국제적 시야가 넓어지다 |

　중국에서는 명이, 일본에서는 무로마치 바쿠후가 새로 등장하던 14세기 중반, 한반도에서도 새로운 변화의 기운이 일었단다.

　우선 고려에서는 기울어 가는 원의 정치적 간섭을 물리치려고 저항 운동을 펼치는 이들이 있었어. 한편, 해안 지역을 어지럽히던 왜구를 물리치는 과정에서 공을 세운 이성계와 최영 등이 새로운 지도자로 떠올랐지. 그 가운데 이성계는 고려에 대한 반역의 깃발을 들고 1392년에 조선을 세웠어.

　이때 이성계를 도와 조선 건국에 나선 사람들은 정도전, 조준 같은 젊은 사대부들이었어. 이들은 고려 말에 원에서 들어온 성리학을 공부해, 과거 시험을 통해 관리가 된 사람들이지.

일본의 무역선 그림이다. 일본은 명의 조공 책봉 체제 아래에서 조선, 동남아시아의 여러 나라와 교역을 통해 필요한 물건들을 들여왔다.

이성계와 사대부들은 우선 민심을 추스르는 데 힘을 기울였어. 그 가운데 하나가 도읍을 옮긴 일이야. 500년 가까이 고려의 도읍이었던 개경에서 한양으로 도읍을 옮겨 경복궁 등 많은 궁궐을 지었지. 또 고려 시대에 높이 떠받들던 불교 대신 유교를 나라를 다스리는 기본 이념으로 삼고, 농업을 장려하여 농민들의 생활 안정에 힘을 쏟았어. 그리고 이성계의 아들인 태종은 왕 중심의 강력한 중앙 집권 체제를 갖추었어.

이렇게 새 나라의 기틀이 마련된 뒤에 왕위에 오른 세종은 조선을 한층 더 발전시켰어. 세종은 백성들의 살림에 큰 관심을 기울이는 한편, 뛰어난 관리와 학자들의 도움을 받아 유교 문화를 더욱 발전시키고, 민족 문화의 기틀을 세웠어.

세종이 이끈 문예 부흥의 중심에는 책이 있었어. 세종은 고려의 전통을 이어서 금속 활자를 만드는 주자소를 만든 뒤, 책을 펴내는 일에 지원을 아끼지 않았어. 조선의 건국 과정을 읊은 『용비어천가』,* 역사서인 『동국통감』을 비롯해, 각종 농서와 의학서 및 역서에 이르기까지 실용적인 서적을 많이 출간했지. 오늘날 세계 기록 유산으로 등록된 『조선왕조실록』 역시 세종 때에 시작된 기록 문화의 걸작이란다.

세종의 문화 사업 중 가장 주목받는 것은 한글 창제란다. 학문을 좋아한 세종은 집현전을 세워 최고의 지식인들을 모았어. 그리고 집현전 학사들과 세종의 노력으로 1443년에 한글이 탄생했단다. 한글의 우수성은 세계도 인정했어. 또 한글은 문자를 언제, 누가 만들었는지 정확히 알 수 있는 드문 사례야.

그런데 당시 지식인들은 한글에 대해 차가운 반응을 보였어.

『용비어천가』
조선 세종 때 정인지, 안지, 권제 등이 지었다. 훈민정음으로 쓴 최초의 작품이다. 조선을 세우기까지 조상들의 업적을 기리는 내용이 담겨 있다.

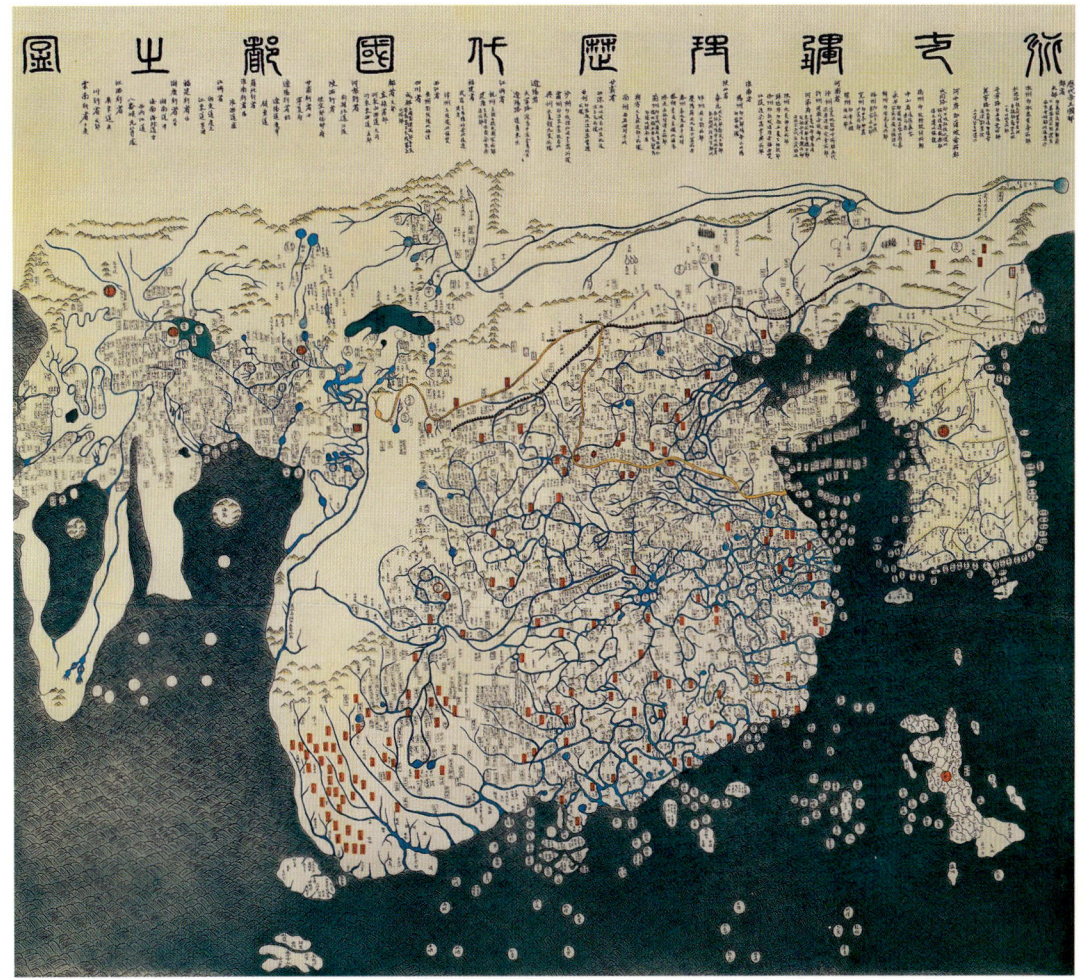
조선 초인 1402년에 만든 「혼일강리역대국도지도」이다. 우리나라 최초의 세계 지도로, 중국과 일본의 지도를 바탕으로 김사형, 이무, 이회가 만들었다. 가로 164cm, 세로 148cm인 대형 지도이다.

"중국의 한자를 잘 쓰고 있는데, 왜 굳이 새로운 문자를 만든 거야?"

중국을 문화적 대국으로 섬기는 데에 익숙했던 지식인들은 한글을 낮고 천한 것으로 여기고, 한자를 고집했단다. 하지만 어려운 한자를 익히지 못한 백성들에게는 한글이 매우 유용했어. 그 덕분에 한글은 생명을 이어 올 수 있었지.

한편, 고려 말기부터 조선 초기에 걸쳐 지식인들은 세계 여러 나라에 대한 정보와 지리 등을 한층 깊게 연구했어. 그것은 1402년 조선의 학자들이 만든 지도인 「혼일강리역대국도지도」를 통해 알 수 있단다. 이 지도에는 조선·명·일본은 물론,

그 전까지 중국 지도에도 나타나지 않았던 아라비아 반도, 아프리카, 유럽까지 그려져 있었어. 국제 정세를 파악하기 위한 노력의 결과라고 할 수 있단다.

나라 밖을 향한 관심이 커졌다는 것은 『해동제국기』라는 책을 통해서도 엿볼 수 있어. 이 책에는 일본, 류큐에 대한 자세한 지도와 함께 조선과 일본의 외교 절차가 자세하게 기록되어 있지. 이것은 일본과 좀 더 효율적인 외교 관계를 세우려고 노력했으며, 류큐를 통해서는 동남아시아의 상품을 수입하려 했다는 사실을 보여 준단다.

이처럼 15세기 무렵, 조선은 빠르게 변해 가는 동아시아 정세 속에서 균형을 유지하며 외교를 펼쳐 나갔어. 즉, 세력이 강하고 큰 나라를 받들어 섬기고, 이웃 나라와는 평화를 유지해 국가의 안정을 도모하는 외교 정책을 펼쳤어. 이를 가리켜 '사대교린'이라고 하는데, 이와 같은 외교 방침은 조선의 기본 법전인 『경국대전』*에도 실려 있단다. 조선 초기의 사대교린 정책은 국제 정세를 현실적으로 파악하고, 다양한 대응 방법을 모색한 결과였어.

『경국대전』
세조가 고려 말부터 조선 초까지 만들어진 법전을 모아 펴낸 조선의 기본 법전이다. 정치, 경제, 사회 등 모든 분야에 걸쳐 관련된 법률과 기본 방침을 정리하였다. 여러 차례 보완했으나 기본 골격은 유지한 채 왕조 말기까지 계속 유지되었다.

● 클릭! 역사 속으로
인도양을 누빈 명의 항해왕, 정화

1412년 정화는 명나라 왕의 명령을 받고 네 번째 항해 길에 올랐어. 지난번까지는 동남아시아의 여러 나라만 다녀왔지만 이번에는 더 먼 아프리카에까지 가 보기로 했어.

정화는 마침내 지금의 동아프리카 케냐의 마린디 지방에 닿았어. 그곳 사람들은 한 번도 보지 못한 큰 배가 여러 척 오는 것을 보고는 해안가로 몰려왔어. 그곳의 왕을 만난 정화는 부드러운 목소리로 입을 열었어.

"저는 중국 명나라에서 온 사신입니다. 명나라의 왕은 이 나라와 잘 지내길 바랍니다."

그 뒤 정화는 아름다운 도자기들을 꺼내 선물로 주었어. 마린디의 왕은 예의 바르면서도 위엄이 있는 정화가 무척 마음에 들었어. 마린디의 왕은 정화에게 말했어.

"선물은 고맙게 받겠소. 이곳에서 머물다가 가시오. 나도 명나라 왕에게 보낼 선물을 준비하겠소."

얼마 뒤 정화가 중국으로 돌아갈 채비를 하자 마린디의 왕은 사신과 함께 기린이라는 동물을 선물로 보내겠다고 했어. 기린은 중국에는 살지 않는 동물이지만 중국 사람들은 복을 불러오는 신기한 동물로 여긴다는 이야기를 들었거든.

정화는 기린과 함께 무사히 명으로 돌아왔어. 명의 왕은 정화가 아프리카에까지 자신의 나라를 알리고 귀한 선물을 받아 오자 크게 기뻐했어.

정화는 명나라의 외교관이었어. 정화는 큰 배를 타고 여러 나라를 돌아다니면서 명나라를 널리 알리는 역할을 했어. 동남아시아를 거쳐 아프리카까지 갔지. 처음으로 세계 여행에 성공한 거야. 동아프리카 해안에서 명나라의 자기가 나오곤 하는 것이 그 증거란다.

이때 명나라의 배 만드는 기술이나 항해 도구를 만드는 기술은 세계 최고였어. 아메리카까지 간 콜럼버스는 정화보다 80년 뒤에야 세계 여행에 나선 거야.

인도와 동남아시아의 향료 무역

유럽의 지중해와 인도를 잇는 인도양 교역망의 중심에는 이슬람 국가들과 인도가 자리 잡고 있었지. 이 교역망에서 가장 중요한 무역품은 바로 향료였어. 그래서 인도양 교역망을 '향료의 길'이라고도 부른단다.

먼 항해의 위험을 무릅쓰면서까지 향료 무역에 열심이었던 까닭은 무엇이었을까? 또, 향료 무역이 세계 경제의 중심이 될 수 있었던 이유는 무엇이었을까? 인도양 교역망의 중심에 있었던 인도에서부터 그 답을 찾아보자꾸나.

| 비자야나가르가 향료 무역으로 번영을 누리다 |

12세기 이후 인도 북부를 차지한 것은 이슬람 교를 믿는 튀르크와 쿠르드 사람들이었어. 이들은 오늘날 인도의 수도인 델리를 중심으로 힘을 모은 뒤, 남쪽으로 영토를 넓히려고 여러 차례 정복 전쟁에 나섰단다. 하지만 당시 남인도에는 힌두 교를 믿는 비자야나가르 왕국이 굳게 버티고 있었어.

남인도에서 1,000년 넘게 세력을 떨쳐 온 촐라 왕국이 13세기 말 무너지고, 그 뒤 1336년에 새로 들어선 나라가 바로 비자야나가르 왕국이야. 비자야나가르 왕국

비자야나가르의 활발한 교역 장면을 그린 그림이다. 비자야나가르의 도시들은 향료와 면직물을 사러 온 유럽, 무슬림 상인들로 늘 붐볐다.

15세기 말, 인도의 비자야나가르 왕국과 동남아시아의 믈라카 술탄국 위치를 표시한 지도이다. 두 나라는 향료 무역 등으로 번영을 누렸다.

비자야나가르 왕국 때 세워진 비루팍샤 힌두 사원이다. 비자야나가르의 수도인 함피에서 조금 떨어진 곳에 세워진 이 사원은 힌두 교의 여러 신 가운데 하나인 시바 신을 모셨다. 비자야나가르 왕국의 대표적인 사원 가운데 하나이다.

은 빠르게 성장해서 얼마 안 가 남인도에서 가장 큰 나라가 되었어. 비자야나가르는 북인도의 이슬람 세력이 남인도로 내려오는 것을 막는 방패 역할을 했지.

그렇다고 해서 비자야나가르 왕국이 이슬람 세력에 무조건 맞서기만 한 것은 아냐. 비자야나가르 사람들은 무슬림들과 접촉하며 이슬람 문물을 많이 받아들였어. 그것은 새로운 문화를 창조하는 데 바탕이 되었지. 그러는 한편 촐라 왕국에서 꽃피었던 힌두 문화를 더욱 발전시킴으로써, 비자야나가르 왕국은 번영을 누릴 수 있었어.

이 무렵 비자야나가르 왕국이 번영할 수 있었던 것은 질 좋은 면직물과 향료 무역이 활기를 띠었기 때문이야. 당시 유럽에서는 상업과 경제가 부쩍 성장했어. 그에 따라 인도의 질 좋은 면직물과 향료를 찾는 유럽 사람이 크게 늘었지.

당시 유럽 사람들이 열광했던 향료란 육두구*와 정향, 육두구의 껍질인 매스 따위를 가리킨단다. 후추도 향료이지만, 후추나 고춧가루, 카레 등은 매운 성분이라는 뜻이 담긴 향신료라고 불러야 정확하지.

그런데 육두구나 정향 등은 동남아시아, 그중에서도 인도네시아 동쪽과 필리핀 사이에 위치한 말루쿠 제도의 몇몇 섬에서만 났어. 유럽에서는 향료가 전염병을 막아 주는 치료약으로 명성이 높았단다. 그래서 화폐처럼 쓰일 만큼 귀하고 가치가 높았지. 그러자 사연스럽게 향료 무역을 둘러싸고 이권 다툼이 일어났단다.

14~15세기에 이르면, 향료는 중국의 비단·도자기·구리, 인

육두구*
인도네시아에서 많이 난다. 열매는 살구같이 보이며 안에 종자가 들어 있다. 영어로는 너트메그라고 하는데, 향기가 나는 호두라는 뜻이다. 번식은 대부분 종자로 하고 고온, 다습한 기후에서 잘 자란다.

비자야나가르의 수도인 함피의 모습을 멀리서 바라본 장면이다. 함피는 14~17세기 사이에 인도 남부에서 가장 번영한 도시 가운데 하나로, 교역을 위해 유럽, 서아시아에서 온 상인들의 발길이 끊이지 않았다.

도의 면·쌀, 유럽의 모직물·은, 동아프리카의 금·상아·노예 등과 직간접으로 무역을 하는 품목이 되어 인도양 교역망 형성에 크게 이바지했단다.

비자야나가르 왕국의 전성기는 16세기 초 데바 라야 2세가 다스리던 무렵이었어. 데바 라야 2세는 아라비아 해에서 벵골 만까지, 데칸 고원에서 인도 반도의 끝까지 다스렸지. 당시 비자야나가르 왕국의 번성을 지켜본 한 페르시아 사람은 이런 말을 남겼단다.

"누구도 아직까지 세상에서 비자야나가르에 맞설 만한 제국이 있었다는 것을 듣지 못했을 것이다."

이처럼 번영을 누리던 비자야나가르 왕국도 데바 라야 2세가 죽은 뒤로는 점차 기울기 시작했어. 그러자 그 틈을 노려 주변의 이슬람 국가들이 힘을 모아 쳐들어왔어. 1565년에 비자야나가르 왕국은 이슬람 연합군과 싸워 크게 졌고, 얼마 지나지 않아 무너지고 말았단다.

믈라카 왕국이 동남아시아 교역의 중심을 지키다

비자야나가르 왕국이 남인도에서 향료 무역으로 큰 부를 쌓아 갈 때, 인도양 교역망의 동쪽에서 향료의 생산지이자 향료 교역의 중심지로 떠오른 나라가 있어. 바로 믈라카 술탄국이란다.

믈리기 술탄국의 중심지는 동남아시아의 말레이 반도 남부와 수마트라 섬 사이의 믈라카 해협 주변이었어. 이 지역은 예부터 중국과 인도양을 오가는 배라면 반드시 거쳐야 하는 요충지였지. 오늘날에도 전 세계 바닷길을 오가는 물자의 5분의 1 이상이 믈라카 해협을 통과한단다.

믈라카 해협의 폭은 상당히 좁아서, 15세기 무렵에는 가장 좁은 해협의 폭이 3킬로미터가 채 되지 않았어. 오가는 배가 늘수록 해협을 통과하는 데 걸리는 시간도 늘어났지. 이 틈을 노리고 해적들이 활개를 치며 무역품을 가득 실은 배들을 공격했단다. 하지만 믈라카 해협을 대신할 만한 다른 물길이 없었기 때문에, 상인들은 위험을 무릅쓰고 이곳을 지나다녔어.

시암*
타이의 옛 이름으로, 황금 또는 흑색이라는 의미를 갖고 있다. 중국이나 베트남, 한국 등의 한자 문화권 국가에서는 섬라라고 불렀다. 시암은 13세기 중반에 등장한 수코타이 왕국을 거쳐 1350년부터 1760년까지 아유타야 왕국이 번영을 누렸다. 불교가 발달했으며, 강력한 힘을 가진 왕이 다스렸다.

16세기 무렵 믈라카 술탄국의 항구와 도시를 그린 기록화이다. 믈라카 술탄국은 동남아시아를 오가는 여러 나라 배들이 편리하게 이용할 수 있는 항구 시설을 만드는 등 중계 교역으로 번영을 누렸다.

그런데 믈라카 술탄국은 바로 이와 같은 불편을 이용해 나라를 발전시켰어. 믈라카 술탄국은 믈라카 해협의 해적들을 물리치고 교역 상인들을 보호해 주었단다. 또, 지하 창고를 마련해서 외국 상인의 상품을 화재와 도난으로부터 지켜 주었어. 그런가 하면 해상 교역과 관련된 법을 만들기도 했지. 그러자 믈라카 해협은 안전하고 편리하다고 소문이 났어. 자연히 향료를 거래하는 교역상뿐 아니라 노동자, 기술자, 종교인 등이 각국에서 몰려들었단다. 즉, 믈라카 술탄국은 위기를 기회로 바꾸었던 거야.

믈라카 술탄국은 15세기 중반에 최고의 전성기를 누렸단다. 이때 가장 큰 역할을 한 것은 역시 향료였어. 향료에 대한 유럽 사람들의 관심이 커질수록 믈라카 술탄국은 더욱 번성해 갔어. 하지만 바로 그 이유 때문에 훗날 향료 무역을 독점하려는 유럽 사람들의 공격을 받았단다.

믈라카 술탄국은 말레이 반도를 손에 넣고 오늘날의 타이인 시암*과 맞서는 세력으로 성장해서는 향료 무역을 독점하기 시작했지. 향료뿐 아니라 말레이 반도에서 나는 주석도 인기가 높았어. 주석을 수출하면서 믈라카 술탄국의 무역은 더욱 발전해 갔어. 하지만 인도양 교역망으로 향료와 주석 등의 물품만 오간 것은 아냐. 다양한 사람들이 교역망을 따라 오가며 사상과 종교를 전하고, 외교 관계를 맺기도 했어.

특히 믈라카 술탄국은 명과 밀접한 관계를 맺었어. 기록에 따르면, 명의 영락제가 믈라카 술탄국에 사절을 보내자 믈라카 술탄국의 술탄이 답례로 명에 사신을 보냈고, 그때부터 두 나라의 관계가 시작되었다고 해. 그랬으니 정화의 항해단이 믈라카 술탄국에 도착해서 극진한 대접을 받은 건 자연스러운 일이었어. 믈라카 술탄국은 동남아시아 섬들 가운데 명에 사신을 자주 보낸 나라로 손꼽힌단다.

믈라카 술탄국과 인도 사이의 인도양 교역망이 발전함에 따라 믈라카 술탄국을 비롯한 동남아시아에 이슬람 교가 본격적으로 퍼져 나갔어. 거기에는 인도 서부에

믈라카 술탄국의 술탄이 머물던 궁전의 모습이다. 믈라카 술탄국의 술탄은 교역을 위해 오는 인도나 서아시아의 무슬림 상인들과의 교역을 위해 이슬람 교를 받아들였다.

있는 구자라트의 상인들이 큰 역할을 했어. 12세기 무렵, 인도에 이슬람 국가가 들어서자 구자라트의 상인들도 이슬람 교로 개종했지. 그리고 이들이 동남아시아와 무역을 하면서 그곳에 이슬람 교를 전했어. 13세기 무렵, 수마트라 섬의 아체를 시작으로 말레이 반도, 자와 섬, 말루쿠 제도에까지 이슬람 교가 퍼져 갔단다. 믈라카 사람들은 이슬람 교로 개종함으로써 서아시아의 무슬림 상인들과 더욱 활발하게 교역을 펼칠 수 있었지.

믈라카 술탄국은 100년 넘게 이어지다가, 1511년에 포르투갈의 침략을 받아 무너지고 말았어. 믈라카 술탄국은 사라졌지만, 그 후손이 조호르 술탄국을 세웠고, 이는 지금의 말레이시아로 이어졌단다. 그러니까 말레이시아의 역사는 사실상 믈라카 술탄국에서 시작됐다고 볼 수 있지.

또 인도네시아와 말레이시아의 국어인 인도네시아 어, 말레이 어는 믈라카의 언어에서 발전한 것이란다. 당시 믈라카 술탄국이 동남아시아 주변 지역까지 얼마나 많은 영향을 끼쳤는지 짐작할 수 있겠지?

● 클릭! 역사 속으로

믈라카 술탄국을 세운 파라메스와라

동남아시아에 말레이시아라는 나라가 있어. 15세기 초 이곳에는 믈라카라는 왕국이 있었어. 믈라카 술탄국은 파라메스와라라는 사람이 세웠지.

파라메스와라는 주변의 섬나라 왕자였는데 그 나라가 망하자 그곳을 벗어나 1400년쯤 말레이시아 섬으로 왔어. 파라메스와라는 이 섬이 위치가 좋아 일찍부터 눈여겨보고 있던 터였어. 그는 이곳에 새 나라를 세우기로 마음먹고 나라 이름을 믈라카라고 했지.

파라메스와라 왕은 나라를 세운 뒤 어떻게 하면 나라를 부유하게 할 수 있는지 곰곰이 생각했어.

'우리 나라는 식량도 부족하고 특별히 내세울 만한 물품도 못 만들어. 하지만 무역을 하기에 좋은 위치니 무역을 해서 나라를 살릴 수 있을 거야. 하지만 극성인 해적들을 어쩐다? 그래, 해적들을 잘 구슬려 이익을 떼어 주고 협조하게 만드는 방법을 써야겠어.'

파라메스와라 왕은 무역선을 보호하는 데 힘을 쏟았어. 해적들을 구슬리고, 바다에서 생활하는 민족을 끌어들여 해군으로 삼았어. 항구는 큰 배도 들어올 수 있게 넓혔지. 게다가 큰 창고를 지어 상품을 보관할 수 있게 했어.

얼마 뒤에는 중국의 정화가 찾아와 중국과 돈독한 관계를 맺었어. 그렇게 해서 믈라카 술탄국은 주변 어느 나라보다 큰 나라로 성장했어.

값비싼 비단과 도자기를 실은 중국 배 뿐만 아니라 믈라카 해협을 지나는 모든 배는 믈라카 술탄국으로 몰려들었어. 이곳에서 상인들은 서로 물건을 사고팔기도 했지. 믈라카 술탄국은 세금을 받아 차츰 부유해졌어.

이처럼 믈라카 술탄국은 파라메스와라 덕분에 무역 왕국으로 커 나가 세계에 이름을 떨쳤어. 그리고 포르투갈이 쳐들어오기 전까지 100여 년 동안 번영을 누렸단다.

지중해 세계의 번영

15세기에 지중해 주변에서는 오스만튀르크 제국과 이탈리아의 여러 도시가 이슬람 세계, 인도와 교역을 벌이며 발전해 나갔어. 그러는 한편, 서부 유럽의 여러 나라는 이슬람 세계를 거치지 않아도 되는 새로운 바닷길을 찾으려고 치열하게 경쟁했어. 이른바 '대항해 시대'가 열린 거야.

무엇이 15세기 후반에 지중해를 둘러싼 여러 나라를 이토록 활발하게 움직이게 했는지, 함께 살펴볼까?

| 오스만튀르크 제국이 지중해의 강자로 떠오르다 |

오스만튀르크는 소아시아의 수많은 부족 가운데 하나일 뿐이었어. 그런데 13세기 말, 몽골 제국의 공격을 받아 셀주크튀르크가 무너지자, 그 기회를 틈타 오스만튀르크는 힘을 키워 소아시아의 요충지인 부르사를 차지한 뒤 차근차근 소아시아 일대로 세력을 넓혔어.

그러다가 14세기 초에는 지중해의 강국인 비잔티움 제국을 위협하는 가장 강력한 세력으로

비잔티움 제국을 공격하는 오스만튀르크 제국의 군대이다. 오스만튀르크 제국은 튼튼한 콘스탄티노플의 성벽을 무너뜨리기 위해 대포를 동원했다.

15세기 말의 오스만튀르크 제국의 영토를 그린 지도이다. 메메트 2세와 그의 후계자들은 15세기 말까지 소아시아 일대와 이집트까지 영토를 넓혀 아시아, 유럽, 아프리카에 걸치는 제국을 건설했다.

비잔티움 제국의 콘스탄티노플을 점령한 오스만튀르크 제국의 술탄 메메트 2세 초상화이다.

성장했어. 1,000년 넘는 역사를 지닌 비잔티움 제국에 비하면 오스만튀르크는 어린아이나 마찬가지였지. 하지만 오스만튀르크에는 단결력과 충성심이 뛰어난 전사들이 있어서 빠르게 힘을 키울 수 있었어.

1453년 5월 29일, 오스만튀르크의 술탄 메메트 2세는 자신을 따르는 군사들을 향해 이렇게 외쳤어.

"정복자들이여, 멈추지 마라! 신을 찬양하라! 그대들은 콘스탄티노플의 정복자들이다."

그런 뒤 스물한 살의 젊은 술탄은 당당하게 콘스탄티노플로 들어갔지.

메메트 2세는 곧바로 하기아 소피아* 성당으로 향했어. 900여 년 전 비잔티움 제국의 번영을 이끌었던 유스티니아누스 황제가 세운 웅장하고 화려한 그 성당으로 말이야.

"하기아 소피아 성당을 모스크로 바꾸어라."

크리스트 교 세계의 자존심이자 비잔티움 제국의 황금기를 상징하던 하기아 소피아가 이슬람 교의 전당으로 바뀌는 순간이었어. 메메트 2세는 콘스탄티노플의 이름을 이스탄불로 바꾸었어.

하지만 메메트 2세가 종교가 다르다고 해서 이교도들을 모질게 대한 것은 아니야. 그는 무슬림들뿐만 아니라, 튀르크의 지배에 겁을 먹고 흩어졌던 크리스트 교도, 유대 교도들에게까지 땅과 집을 주었어. 그리고 필요한 경우에는 세금도 면제해 주었지. 그러자 오스만튀르크 제국 곳곳에서 많은 사람이 이스탄불로 모여들었단다.

이들 가운데 무슬림이 아닌 사람들은 밀레트라는 공동체를

하기아 소피아*
비잔티움 제국 때 유스티니아누스 황제가 크게 고쳐 지었다. 오스만튀르크 제국의 메메트 2세가 비잔티움 제국을 무너뜨린 뒤 모스크로 바꾸었다. 하기아 소피아는 현재까지 남아 있는 비잔티움 건축의 대표작으로 손꼽히는 건축물이다.

베네치아*
기원전 6~5세기 무렵에 세워진 해상 도시이다. 일찍부터 해운업과 교역이 발달했다. 십자군을 부추겨 콘스탄티노플을 정복하면서 막대한 부를 쌓았다. 이후 15세기 전반까지 강력한 해상 왕국으로 이름을 떨쳤다. 그러나 대서양 항로 등 새로운 항로가 열리면서 기울기 시작했다.

만들어 종교에 따라 각기 모여 살았어. 메메트 2세는 밀레트에 상당한 자치권을 주었어. 세금과 범죄 문제 등을 빼고는 법과 종교의 문제 대부분을 알아서 해결하도록 허용했지. 밀레트는 오스만튀르크 제국 말기까지 이어졌는데, 여러 민족이 어울려 살았던 오스만튀르크 제국에 걸맞은 정책이었단다.

한편, 메메트 2세는 지중해 무역에서 큰 활약을 하던 베네치아* 상인들에게 여러 가지 우대를 해 주었어. 우선, 2퍼센트의 관세만 내면 이스탄불에서 자유롭게 상업 활동을 해도 좋다고 허락했어. 또 이스탄불 안에 베네치아 상인들의 거주지를 따로 마련해 주고, 베네치아 총독이 임명한 대사에게 관리를 맡겼지. 지중해와 맞닿아 있는 오스만튀르크의 항구에는 아시아에서 건너온 물건이 늘 넘쳐흘렀는데, 이 물건들은 대부분 베네치아 상인들에게 넘겨져 다시 유럽 여러 나라로 팔려 나갔어. 베네치아 상인이 성장할수록, 오스만튀르크도 더 많은 세금을 걷었지.

메메트 2세는 콘스탄티노플을 손에 넣은 뒤에도 정복 전쟁을 계속 벌여서, 그리스와 발칸 반도까지 손에 넣었지. 이렇게 오스만튀르크 제국이 대제국으로 성장할 수 있는 기틀을 닦은 뒤, 메메트 2세는 1481년에 죽었어.

행진하는 오스만튀르크 제국의 예니체리 부대의 모습을 그린 기록화이다. 예니체리 부대는 오스만튀르크 제국 최고의 정예 부대로, 충성심이 강하고 전쟁터에서 용감한 것으로 이름이 높았다.

메메트 2세의 후손들도 계속해서 영토를 넓혀 나갔단다. 16세기 초에 오스만튀르크는 아시아, 유럽, 아프리카 등 세 대륙에 걸친 제국으로 성장해 있었어.

| 이탈리아의 도시들이 번영을 누리다 |

지중해는 인도양이나 대서양, 태평양처럼 드넓은 바다가 아니야. 아시아, 아프리카, 유럽 대륙에 둘러싸인 바다란다. 지중해는 파도가 거세지 않아서 아주 일찍부터 여러 지역을 잇는 교

오스만튀르크 도시를 방문한 베네치아 상인들의 모습을 그린 기록화이다. 베네치아 상인들은 오스만튀르크 정부와 협정을 맺고 향료 같은 아시아 물품 교역을 독점했다.

역망이 발달했어. 지중해 교역망은 인도양 교역망과 이어져 아시아와 유럽 사이의 교류와 교역에 큰 역할을 했지.

십자군 전쟁이 일어나기 전까지 지중해 교역을 이끈 나라는 비잔티움 제국이었어. 하지만 십자군 전쟁을 거치면서 비잔티움 제국이 기울자, 지중해 교역의 주도권이 점차 이탈리아의 도시들로 넘어갔어. 그 가운데 대표적인 도시가 베네치아, 제노바, 피렌체, 나폴리 등이었어. 이들 도시는 상업과 교역으로 크게 번영을 누렸단다. 각지에서 사람들이 몰려와서, 14세기에는 서유럽에서 가장 인구가 많은 도시로 성장했어. 베네치아와 피렌체 등은 도시 인구가 10만 명에 달했고, 나폴리와 볼로냐 등도 5만 명 안팎에 이를 정도였지.

이들 도시 가운데에서도 가장 주목받던 곳은 운하의 도시, 베네치아란다. 『베니스의 상인』이라는 셰익스피어의 희곡을 읽어 보았니? 이것은 당시 베네치아의 상인을 주인공으로 한 작품이란다. 베니스는 베네치아를 가리키는 영어 명칭이야.

베네치아는 십자군 전쟁 때 십자군을 지원하면서 부를 쌓았어. 그리고 나중에는 이슬람 국가나 인도와 활발하게 교역을 하며 빠르게 성장했단다. 그런가 하면 오스만튀르크가 콘스탄티노플을 점령했을 때에도 베네치아 상인들은 재빠르게 움직여 이익을 챙겼지. 즉, 오스만튀르크 정부와 협상을 해서 인도와 동남아시아에서 오는 물건들을 독점 판매하는 권리를 따 낸 거야. 그 덕분에 베네치아는 더욱 부유해졌지.

그러면서 자연스럽게 베네치아는 지중해 무역의 중심지이자, 아시아의 상품들이 교류되는 거대한 시장으로 성장했단다. 그 무렵 아시아와 유럽을 오가는 거의 모든 물건이 베네치아를 거쳤다고 해도 과언이 아닐 거야. 운하를 따라 늘어선 저택들, 화려한 도시 축제 등은 베네치아 귀족과 상인들이 얼마나 큰 부를 누렸는지를 보여 준단다. 1494년에 베네치아를 방문한 한 프랑스 작가는 '내가 본 도시 가운데 가장 성공적인 도시'라고 입에 침이 마르게 칭찬했다는구나.

메디치 가문*
피렌체의 상인 집안으로 13세기 말부터 무역과 금융업으로 번영을 누렸다. 예술과 문화를 보호하고 장려하여 이탈리아 르네상스 발전에 큰 공을 세웠다. 유럽 여러 나라의 군주, 교황 등을 배출하며 유럽의 정치, 경제, 문화 등 여러 분야에 큰 영향을 끼쳤다.

이탈리아 북부의 또 다른 항구 도시, 제노바도 그 무렵에 번영을 누렸단다. 제노바 사람들은 특히 항해술이 뛰어나, 일찍부터 다른 나라와 활발하게 교역을 펼쳤어. 훗날 아메리카 항해에 성공한 콜럼버스도 제노바 출신이란다. 베네치아 상인들은 작은 배에 물건을 싣고, 조합을 꾸려 치밀하고 조직적으로 항해를 했어. 이와 달리 제노바 상인들은 대규모 운송에 강했고, 투기 가치가 높은 상품에 투자하는 경향이 강했어.

제노바 역시 베네치아와 마찬가지로 중개 무역으로 성장했으므로, 두 도시는 경쟁하는 관계였어. 그런데 15세기에 들어서 제노바는 점차 지중해 무역에서 베네치아에 밀리기 시작했어. 그러자 금융업에 적극적으로 나섰고, 16세기에는 지중해에서 손꼽히는 부유한 도시로 이름을 떨쳤단다.

교역으로 번영을 누린 베네치아의 항구 모습이다. 베네치아 상인들은 교역으로 벌어들인 많은 돈으로 예술가를 후원하고, 화려한 건축물을 많이 세웠다.

제노바와 베네치아가 주로 해상 무역을 통해 성장한 도시였다면, 피렌체는 금융과 의류, 국제 무역으로 이름을 날렸어. 피렌체 사람들은 플로린이라는 순도 높은 금화를 만들어 1252년부터 쓰기 시작했어. 플로린은 나중에 국제적으로 쓰이는 화폐가 되었단다. 그런가 하면 피렌체의 은행은 교황과 거래하고 유럽 왕실에 돈을 빌려 줄 정도로 신용이 좋고 규모가 컸어.

　1393년, 한 시인은 피렌체를 '상인들의 왕국'이라고 묘사했어. 그 표현처럼 피렌체의 수공업자와 상인 조직은 경제의 씨줄과 날줄이 되어 피렌체를 이끌었단다.

　피렌체 이야기에서 빠뜨릴 수 없는 것이 메디치 가문*이야. 메디치 가문은 15세기에 대은행가를 배출하며 큰 부를 쌓았어. 메디치 가문은 피렌체를 쥐락펴락할 수 있을 만큼 성장해서, 18세기까지 명성을 이어 갔어.

　메디치 가문의 사람들은 부를 쌓는 데에도 능했지만, 부를 사회에 되돌리는 법도 누구보다 잘 알고 있었어. 특히 메디치 가문의 전성기를 이끈 로렌초 메디치는

보티첼리*, 다빈치, 미켈란젤로 등 위대한 예술가들을 적극적으로 뒷받침해 주었어. 그는 엄청난 양의 책을 수집하고, 자신의 대형 도서관을 학자들에게 개방함으로써 학문의 발달을 이끌기도 했단다.

메디치 가문 말고도 지중해 주변의 도시에는 예술과 학문을 후원한 부유한 가문이 여럿 있었어. 이것이 바탕이 되어 훗날 이탈리아를 중심으로 르네상스가 일어날 수 있었단다. 이들의 후원 활동을 통해 "부자는 사회적으로 어떤 역할을 해야 하는가?" 하는 물음에 답을 얻을 수 있을 것 같구나.

보티첼리*
15세기 중반에 활동한 이탈리아의 화가이다. 아름답고 섬세한 그림을 많이 그렸다. 이 무렵 활동한 레오나르도 다빈치를 비롯해 여러 화가에게 큰 영향을 끼쳤다. 대표적인 작품에 「비너스의 탄생」, 「봄」 따위가 있다.

● 클릭! 역사 속으로
르네상스의 천재 예술가, 미켈란젤로

1564년, 훌륭한 예술가였던 미켈란젤로가 죽자 로마 사람들은 미켈란젤로를 로마에 묻으려 했어. 하지만 가족들과 피렌체의 메디치 가문은 피렌체로 데려가려 했어.

"로마에서 오랫동안 살았고, 이곳에 훌륭한 작품들을 남겨 놓았으니 이곳에 미켈란젤로를 묻어야 합니다."

"아니오, 미켈란젤로의 고향은 피렌체이니 피렌체에 묻히는 것이 당연합니다."

결국 미켈란젤로는 로마에 묻혔어. 하지만 뒤에 가족들이 주검을 몰래 피렌체로 옮겨 버렸어.

미켈란젤로가 도대체 얼마나 훌륭한 사람이기에 이렇게 미켈란젤로의 무덤을 두고 다투었을까?

미켈란젤로는 1475년 3월 6일 이탈리아 피렌체에서 태어났어. 예술에 재능을 보여 조각 학교에 다녔지. 이때 피렌체를 다스리던 로렌초 메디치의 눈에 띄었고, 그의 후원 아래 위대한 예술가로 자랐어.

스물한 살 때 로마로 간 미켈란젤로는 첫 걸작을 만들었단다. 바로 죽은 예수를 안고 있는 성모 마리아의 모습을 조각한 「피에타」야. 이 조각 덕분에 미켈란젤로의 이름은 단번에 유명해졌어.

미켈란젤로는 조각뿐 아니라 그림도 그렸어. 교황의 부탁을 받고 로마에 있는 시스티나 대성당 천장에 그림을 그렸는데 이 역시 명작이란다. 이 천장화는 웅장할 뿐만 아니라 잘 보이지도 않는 구석까지 아주 꼼꼼하게 그린 훌륭한 작품이야.

미켈란젤로는 70년 동안이나 부지런히 조각과 그림, 건축을 해서 작품을 많이 남겨 놓았어. 미켈란젤로에게는 '천재'라는 별명이 따라다녔지. 미켈란젤로는 살아 있는 동안에 훌륭한 예술가로 대접을 받았고, 죽은 뒤에는 전 세기를 통틀어 가장 뛰어난 예술가 가운데 한 명으로 평가받는단다.

새로운 바닷길의 발견

15세기 무렵까지 서유럽 사람들은 지중해를 통해 비단, 도자기, 향료 같은 아시아의 진귀한 물건들을 사들였어. 그런데 이런 물건을 구하려면 베네치아, 피렌체 상인이나 무슬림 상인들의 손을 거쳐야 했기 때문에 매우 비쌌어. 그래서 서유럽 사람들은 어떻게 하면 더 싸게 물건을 구할 수 있을까 궁리했지. 이것이 곧 새로운 항로 개척을 불러왔단다. 항로 개척을 둘러싸고 어떤 상황이 전개되었는지, 그 과정에서 얻은 것과 잃은 것은 무엇이었는지 함께 알아보자꾸나.

● 에스파냐
● 포르투갈

15세기 전성기 시절 에스파냐와 포르투갈의 영역 표시 지도이다.

서유럽이 새로운 바닷길을 찾아 나서다

13세기 무렵부터 향료를 찾는 서유럽 사람들이 크게 늘었어. 유럽 사람들은 고기를 즐겨 먹었기 때문에, 고기 맛을 좋게 하는 향료는 고대 로마 시대부터 크게 인기를 끌었지.

그런데 문제는 향료가 인도와 동남아시아에서만 난다는 데에 있었어. 멀고 험한 길을 거쳐 유럽까지 가져오는 동안, 향료의 가격은 껑충 뛰어서 금보다 비쌀 정도였어. 그래서 황제나 아주 부유한 영주 같은 몇몇 사람만이 먹을 수 있었단다.

그런데 11세기 무렵 십자군 전쟁에 참가한 사람들이 서아시아에서 향료를 맛보고 돌아왔어. 향료를 먹어 본 그들은 집으로 돌

포르투갈의 엔히크 왕자를 기념해 세운 조각물이다. 엔히크 왕자는 포르투갈이 새로운 항로 개척에서 다른 나라를 앞지를 수 있는 기틀을 다졌다.

15세기 무렵부터 먼 바다 항해에 사용한 육분의이다. 육분의는 태양, 달, 별의 높이를 재서 배의 정확한 위치를 구하는 데 사용하였다. 육분의를 비롯해 나침반 같은 새로운 항해 도구의 발전은 유럽 국가들의 새로운 항로 개척에 큰 도움을 주었다.

엔히크*
포르투갈의 왕 주앙 1세의 셋째 아들이다. 항해 방법과 탐험 준비에 노력했고, 항해에 능숙한 선원을 많이 길러 포르투갈이 다른 나라보다 해상 탐험에 앞설 수 있는 기반을 마련하였다.

아와서도 계속 향료를 찾았지. 게다가 13세기부터 서유럽의 상업과 경제가 크게 발전하자 주머니가 두둑해진 사람들이 늘었고, 그들은 앞 다투어 향료를 구하려고 했어. 그래서 아시아와 연결된 지중해의 상인들은 너도나도 향료 무역에 뛰어들었단다. 그러다 보니 향료는 비단, 도자기 등과 함께 아시아와 유럽 사이의 교역에서 매우 큰 비중을 차지하는 상품으로 자리 잡았지.

그런데 15세기에 접어들어 오스만튀르크가 콘스탄티노플을 점령한 뒤로 상황이 바뀌었어. 앞에서 들려주었듯이, 오스만튀르크 정부는 관세를 받는 조건으로 베네치아 상인들에게 향료 교역을 독점할 수 있는 권리를 넘겨주었어. 베네치아 상인들은 독점권을 이용해서 자기들 마음대로 향료 값을 정해 다른 유럽 국가들에 팔아넘겼어. 이렇게 해서 수십 배, 때로는 수백 배의 이익을 남겼지. 그러니 베네치아와 경쟁하던 제노바와, 유럽 다른 도시의 상인들의 불만이 높을 수밖에 없었어.

"베네치아 상인들의 횡포를 더는 못 견디겠군. 지중해를 거치지 않고 인도로 갈 수 있는 새로운 바닷길을 찾아보자!"

이렇게 해서 서유럽에는 새로운 바닷길 탐험의 바람이 거세게 불었어. 그중에서도 이베리아 반도에 있던 에스파냐와 포르투갈이 가장 열성적이었어. 두 나라가 그토록 열성적이었던 이유는 무엇일까?

먼저 두 나라는 대서양 쪽으로 불룩 튀어나와 있어서, 서쪽으로 새로운 항로를 개척하는 데에 유리한 위치에 있었어. 또, 두 나라는 이베리아 반도에서 이슬람 세력을 완전히 몰아내기 위해 오랫동안 전쟁을 벌였고, 그러는 가운데 강력한 중앙 집권 체제를 갖추었어. 항로 개척에는 막대한 지원이 필요한데, 에스파냐와 포르투갈의 왕은 강력하게 지원을 할 수 있었지. 한 가지 이유가 더 있어. 두 나라는 오랫동안 전쟁을 치르느라 농업과 상업이 발달하지 못했어. 그러다 보니 향료를 직접 사올 수 있는 새로운 항로를 개척해 하루빨리 부를 쌓고 싶은 욕구가 어느 나라보다 강했단다.

항로 개척의 첫발을 내디딘 것은 포르투갈이었어. '항해 왕자'로 불리는 엔히크*는 1415년에 북아프리카의 세우타를 이슬람 세력에게서 빼앗으면서 무역과 해상 활동을 적극적으로 뒷받침하기 시작했어. 그는 거센 파도에도 견딜 수 있는 튼튼한 배를 만들고, 바닷길에 훤한 무슬림 선원를 불러서 항해에 필요한 정보를 손에 넣는 등 준비를 단단하게 했단다. 그러고는 탐험대를 아프리카와 아시아 등으로 보냈지.

엔히크가 온갖 어려움을 무릅쓰고 탐험에 온 힘을 쏟은 이유는 크게 두 가지야. 하나는 아프리카 또는 아시아에 있다는 전설 속의 크리스트 교 왕국을 찾아내, 함께 이슬람 국가들을 공격하려는 목표가 있었어. 다른 하나는 향료와 보물을 얻으려는 상업적 목적이었지. 엔히크는 끝내 크리스트 교 왕국도, 향료도 찾아내지 못했어. 하지만 적도 근처의 바다를 통과할 수 있다는 사실은 알아냈단다. 엔히크가 일구어 놓은 해양 지식을 바탕으로 훗날 포르투갈은 인도 항로를 개척하고, 15세기 '대항해 시대'를 이끌 수 있었어.

| 콜럼버스와 바스쿠 다 가마가 새로운 바닷길을 발견하다 |

15세기 유럽의 항로 개척 역사에서 빠뜨릴 수 없는 사람이 있어. 유럽 사람으로는 처음으로 아메리카 대륙에 발을 내디딘 크리스토퍼 콜럼버스와, 인도 항로를 개척한 바스쿠 다 가마야.

콜럼버스는 이탈리아 제노바 출신으로, 지중해 무역이 기울어 갈 것이라는 것을 일찌감치 내다봤어. 그러고는 인도로 향하는 새로운 항로를 찾기로 마음먹었단다. 그는 항해에 필요한 막대한 자금을 대 줄 사람을 찾아 이베리아 반도로 떠났어.

콜럼버스는 먼저 포르투갈의 주앙 2세에게 가서 서쪽으로 출발해서 인도에 도달하겠다는 계획을 내놓았지만, 매몰차게 거절당했어. 포르투갈 역시 인도로 가는 새로운 교역로를 찾고는 있었지만, 이미 아프리카를 돌아서 인도에 도달하는 방향에 전력을 기울이고 있었거든. 그러니 검증되지 않은 콜럼버스가 새로운 제안을 했을 때, 받아들일 만한 여유가 없었던 거야.

콜럼버스는 이번에는 에스파냐의 이사벨 여왕을 찾아갔어. 당시 에스파냐는 포르투갈보다 장거리 항해 경험도 적고, 재정적으로도 넉넉지 않은 형편이었어. 콜럼버스가 에스파냐 궁정에 처음 나타난 1486년에도 사정은 비슷했어. 이번에도 콜럼버스는 뜻을 이루지 못했지.

그러나 에스파냐는 1469년에 카스티야 왕국의 이사벨 공주*와 아라곤 왕국의 페르난도 왕자가 결혼한 이후로 새로 도약하려는 준비를 하던 참이었어. 그리고 한편으로 이런 생각을 했지.

'만약 콜럼버스가 항해에 성공한다면, 그동안 포르투갈에 뒤처져 있던 우리 에스파냐가 보란 듯이 위세를 떨칠 수 있을 것 아닌가!'

마침내 1492년, 이사벨 여왕은 태도를 완전히 바꾸어 콜럼버스의 원정을 돕겠다고 선언했단다. 1492년 8월, 드디어 콜럼버

이사벨 공주*
포르투갈 왕 주앙 1세의 손녀이다. 남편인 페르난도와 함께 1492년에 이르기까지 이베리아 반도 남부의 이슬람 국가인 그라나다를 정복하였다. 문화 발전에 힘을 쏟고, 콜럼버스의 신대륙 발견을 지원하는 등 에스파냐 발전의 기초를 닦았다.

스는 배 세 척과 선원 88명을 이끌고 출항했어. 그리고 2개월 동안 힘들게 항해한 끝에 남아메리카의 산살바도르 섬에 도착했단다. 흥미로운 것은 콜럼버스는 죽을 때까지 자신이 발을 디딘 그 땅이 인도라고 믿었다는 사실이야.

콜럼버스는 모두 네 차례 원정에 나섰는데, 배가 가장 많았던 때도 17척에 불과 했어. 명의 정화는 콜럼버스보다 약 80년 앞서서 원정에 나섰는데, 대형 선박 60여 척에 2만 명이 넘는 수행원을 태우고 인도를 거쳐 아프리카 동쪽까지 왕복했단다. 이에 비하면 콜럼버스가 이끈 원정대는 매우 작은 편이었지.

콜럼버스는 왜 그토록 항해를 원했을까? 그가 남긴 『항해록』을 읽어 보면, 황금을 찾고, 아시아 어딘가에 있는 크리스트 교 세력을 찾으려는 목적을 가지고 있었다는구나. 즉, 중세 유럽 사람의 세계관을 벗어나지 못했던 거야. 하지만, 콜럼버

항구에 나온 이사벨 여왕과 페르난도 왕의 모습을 그린 기록화이다. 이사벨 여왕과 페르난도 왕은 콜럼버스의 항해를 후원하는 등 새로운 항로 개척에 매우 적극적이었다.

포르투갈의 마누엘 왕이 인도 항로 개척에 나선 바스쿠 다 가마에게 축복을 기원하는 모습을 그린 기록화이다. 바스쿠 다 가마는 1497년에 리스본을 출발해 아프리카를 돌아서 인도로 가는 항로를 개척했다.

스의 항로 개척은 유럽이 중세를 마치고 근대로 접어드는 데에 결정적인 역할을 했어.

한편, 포르투갈에서도 '대항해 시대'가 활짝 열렸어. 항해의 기반을 닦은 엔히크가 죽은 지 30년쯤 뒤, 포르투갈의 바르톨로메우 디아스는 훗날 '희망봉'이라는 이름이 붙은 아프리카 남쪽 끝에 도착했어. 이 항해를 통해 아프리카 항로를 개척했단다.

그 뒤 디아스는 바스쿠 다 가마의 항해를 인도하다 희망봉 앞바다에서 사고를 당해 목숨을 잃었어. 하지만 가마는 항해를 계속해 인도 항로 개척에 성공했단다.

가마는 1497년, 배 네 척을 이끌고 리스본을 출발했어. 이 배들은 약 120톤 규모로, 세 겹의 돛대를 갖추었으며, 170명가량이 탔다고 해. 가마는 아랍 어와 현지 언어를 구사할 수 있는 통역

사도 세 명 함께 데리고 가는 등 준비를 철저히 했어.

가마가 이끄는 선단은 희망봉을 돌아 북쪽으로 올라가 이듬해 5월, 인도의 캘리컷에 도착했단다. 새로운 인도 항로 발견이라는 대사업을 성취하는 순간이었지. 하지만 독점 무역에 위협을 느낀 무슬림 상인들의 방해와, 무력에 대한 지방 영주들의 경계심 때문에 무역을 트는 데에는 실패했어. 그래서 향료를 약간 싣고 오는 것에 만족해야 했어. 가마 일행은 인도양을 건너올 때와는 반대 방향으로 귀국길에 올랐어. 그 과정에서 괴혈병과 열병 등으로 선원의 반 이상이 숨졌단다.

인명 피해와 경제적 손실이 있었지만, 가마의 함대를 맞이하는 리스본은 축제 분위기에 휩싸였단다. 중간 상인을 거치지 않은 향료를 실은 최초의 포르투갈 화물선이 도착하는 순간이었기 때문이야. 포르투갈은 인도 항로를 앞서 차지하고는 향료 무역의 터전이었던 동남아시아의 믈라카 술탄국을 점령했어. 그리고 이어서 아시아에 크리스트 교를 퍼뜨리는 데에도 앞장섰지.

에스파냐가 아메리카를 약탈하다

15세기 들어 포르투갈과 에스파냐는 경쟁적으로 새로운 항로 개척에 들어갔어. 그에 따라 예부터 앙숙이던 두 나라 사이에는 영토 분쟁이 더 자주 일어났단다.

다툼이 심해지자 교황까지 중재에 나섰어. 교황은 아조레스 제도의 서쪽을 경계로 동경 약 150도까지를 나눈 뒤, 동반구는 포르투갈, 서반구는 에스파냐의 세력 범위로 한다는 안을 내놓았어. 1494년, 두 나라는 교황이 제시한 경계선보다 1,600킬로미터쯤 서쪽으로 움직여서 합의한다고 조약을 맺었어. 세력 범위 안에 사는 사람들의 생각은 전혀 고려하지 않은 포르투갈과 에스파냐만의 조약이었지.

어쨌든 두 나라는 서로의 세력 범위를 침범하지 않기로 하고, 각기 다른 방향으로 제국 경영을 마음껏 실행했어. 경계선이 남아메리카 대륙을 동서로 쪼갰는데, 동쪽의 브라질 영역은 포르투갈에 속하고, 서인도 제도와 서쪽의 멕시코 지역은 에스파냐에 속했어.

서쪽으로 출발한 에스파냐는 16세기 전반에 멕시코와 남아메리카를 완전히 장악했단다. 이 과정은 매우 폭력적으로 진행되었고, 거의 순식간에 완성되었어.

폭력적인 정복 사업을 시작한 것은 에스파냐의 탐험가 에르난 코르테스였단다. 코르테스는 1519년에 병사 600여 명과 말 16필을 이끌고 아스텍 제국을 정복했어. 그런가 하면 그로부터 10여 년 뒤, 에스파냐의 프란시스코 피사로는 병사 180명과 말

코르테스*
에스파냐 출신의 멕시코 정복자이다. 유카탄 반도에서 멕시코를 공격하여 1521년에 아스텍 왕국을 정복하고, 누에바 에스파냐 식민지를 건설하여 총독이 되었다.

케찰코아틀*
아스텍 신화에 나오는 날개 달린 뱀 모습의 신이다. 풍요와 평화의 신으로 알려져 있다. 전쟁 신의 음모로 쫓겨났지만 그가 돌아온다는 전설이 있었다.

37필을 이끌고 잉카 제국을 정복했지. 에스파냐 군대는 어떻게 이렇게 적은 병력으로 거대한 아스텍 제국과 잉카 제국을 단숨에 멸망시킬 수 있었을까?

코르테스는 아스텍 제국에 도착하기 전부터 신대륙에 황금이 가득하다는 소문을 익히 들어 왔어. 황금에 욕심이 난 코르테스는 마구잡이로 정복에 나서겠다는 마음을 먹었어. 하지만 이와 달리 아스텍 사람들은 이방인에게 적대감을 강하게 품지 않았어. 심지어 아스텍 사람들은 코르테스를 신이라고 여기기까지 했어. 아스텍의 달력에 따르면 코르테스가 아스텍에 온 1519년은 '케찰코아틀*'이라는 전설 속의 신이 되돌아온다는 해였어. 그리고 전설이 묘사한 케찰코아틀의 모습이 마침 코르테스의 모습과 닮았지 뭐니.

"철옷을 입고, 턱수염을 기르고, 난생처음 보는 말을 타고 온 이들이 혹시 그토록 기다리던 신이 아닐까?"

아메리카의 아스텍 제국을 정복한 코르테스의 모습을 그린 기록화이다. 코르테스는 총으로 무장하고, 아스텍 제국을 순식간에 정복한 뒤 아스텍 제국의 금과 재물을 마구 약탈했다.

아스텍의 황제 몬테수마 2세*는 물론 많은 아스텍 사람들이 이렇게 믿었단다. 그래서 코르테스와 그의 부하들이 도착하자 몬테수마 2세는 수도인 테노치티틀란의 문을 활짝 열고 그들을 맞이했어. 이 비극적인 오해는 아메리카의 주인공이 뒤바뀌는 결정적 계기가 되었단다. 석 달 동안 전쟁을 벌인 끝에 코르테스는 테노치티틀란을 점령하고 식민지로 삼은 뒤, 총독이 되었단다.

한편, 남아메리카의 안데스 산에서는 잉카 제국이 번영을 누리고 있었어. 잉카 제국은 14~15세기에 영토를 크게 넓혔으며, 16세기 초반에는 인구가 600만~800만 명까지 늘어났어.

피사로 일행이 1532년 잉카 제국에 진입했을 때, 잉카의 황제 아타우알파는 에스파냐 군사의 수가 적은 것을 보고 경계심을 풀었어. 그래서 좋은 관계를 맺고 싶다는 피사로의 말을 의심 없이 받아들이고는, 광장에서 열린 회견장에 유유히 등장했단다. 피사로의 군대는 그 순간을 놓치지 않고 공격을 시작했어. 허를 찔린 잉카군은 순식간에 수천 명의 병사를 잃었고, 아타우알파 역시 붙잡혀 죽고 말았지.

에스파냐 군대는 소총과 말의 위력을 앞세워 잉카 군대를 이겼어. 게다가 에스파냐 사람들 때문에 천연두와 홍역 등이 전염돼 엄청나게 많은 잉카 사람들이 목숨을 잃었어. 눈에 보이는 에스파냐 군대보다 질병의 공격이 더 무서웠단다.

이로써 500년 역사의 잉카 제국은 막을 내리고, 피사로는 잉카 제국의 영토와 부를 모두 에스파냐 왕에게 바쳤어. 그 뒤로 수많은 에스파냐의 정복자들이 황금의 땅을 찾아 남아메리카로 들어왔어. 그리고 그들은 북아메리카로까지 세력을 넓혔단다.

몬테수마 2세*
아스텍 제국의 마지막 황제이다. 코르테스가 침략했을 때, 그들을 케찰코아틀의 자손이라고 생각하여 저항하지 않다가 잡혀 살해되었다. 코르테스 등이 빼앗은 몬테수마의 재물은 배가 침몰하는 바람에 바다 밑으로 가라앉았다고 한다.

> 클릭! 역사 속으로

유럽의 대항해 시대를 연 엔히크

1434년, 포르투갈의 한 항구에 몇 사람들이 모여 있었어. 아프리카로 갔던 배가 돌아온다는 소식을 듣고 모두들 항구로 뛰어나온 거였어. 그중에서 가장 마음이 조급한 사람은 엔히크 왕자였어. 벌써 15년 가까이 탐험대를 보냈지만 성공한 탐험대가 없었거든. 배는 무사히 항구에 닿았어.

엔히크 왕자는 선장을 보자마자 물었어.

"이번 항해는 길었는데 어디까지 갔었나?"

선장은 자신 있게 대답했어.

"적도까지는 못 갔지만 그에 가까운 보자도르 곶까지 다녀왔습니다!"

그 말을 듣고 모여 있던 사람들은 모두 환호성을 질렀어.

탐험대 가운데 그렇게 멀리 다녀온 사람은 없었거든. 선장은 이어서 말했어.

"엔히크 왕자님이 맞았습니다. 그곳 바다는 사람들 생각처럼 부글부글 끓는 위험한 곳이 아니었어요. 아프리카 해안을 따라 더 아래쪽까지 내려갈 수도 있을 것 같습니다."

엔히크 왕자는 아주 기뻐했어. 이제 곧 적도를 지나 아프리카 남쪽까지 갈 수 있을 것만 같았지. 소문에 따르면 아프리카 남쪽에는 크리스트 교 왕국이 있다고 했어. 탐험대가 이 왕국 사람들을 만난 뒤 아프리카 남쪽을 돌아 인도까지 갈 수 있다면 금과 향료를 실어 올 거라고 꿈에 부풀었어.

엔히크 왕자는 그 뒤로도 계속 탐험대를 보냈어. 하지만 1460년에 엔히크 왕자가 죽을 때까지 큰 성공을 거둔 탐험대는 없었어.

그렇다고 엔히크 왕자가 40년 동안 해 온 이 일이 보람이 없었던 것은 아니었어. 엔히크의 뜻을 이은 포르투갈 탐험대들은 1469년에 황금 해안, 상아 해안에 다다랐고, 1487년에 아프리카 남쪽 끝인 희망봉을 돌았단다.

엔히크 덕분에 포르투갈은 유럽 어느 나라보다 앞서 새로운 항로를 개척했고, 나아가 아메리카까지 가 식민지를 세울 수 있었지. 한 번도 스스로 항해에 나선 적은 없지만 항해의 길을 활짝 연 공을 기려 사람들은 엔히크를 '항해 왕자'라고 불렀어.

아, 그렇구나!

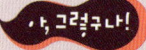

최고의 항해왕은 누구일까?

흔히 16세기 초, 유럽 사람들이 지구촌 시대를 열었고, 16세기 이후 세계 역사를 주도하기 시작했다고 이야기 해. 그런데 과연 그럴까? 이 무렵 아시아의 강국들인 명, 비자야나가르, 오스만튀르크 제국은 배 만드는 기술과 항해술은 물론 나라의 힘도 모두 지구촌 시대를 연 포르투갈이나 에스파냐에 비해 훨씬 앞서 있었어. 그래서 필요하면 언제든 인도양을

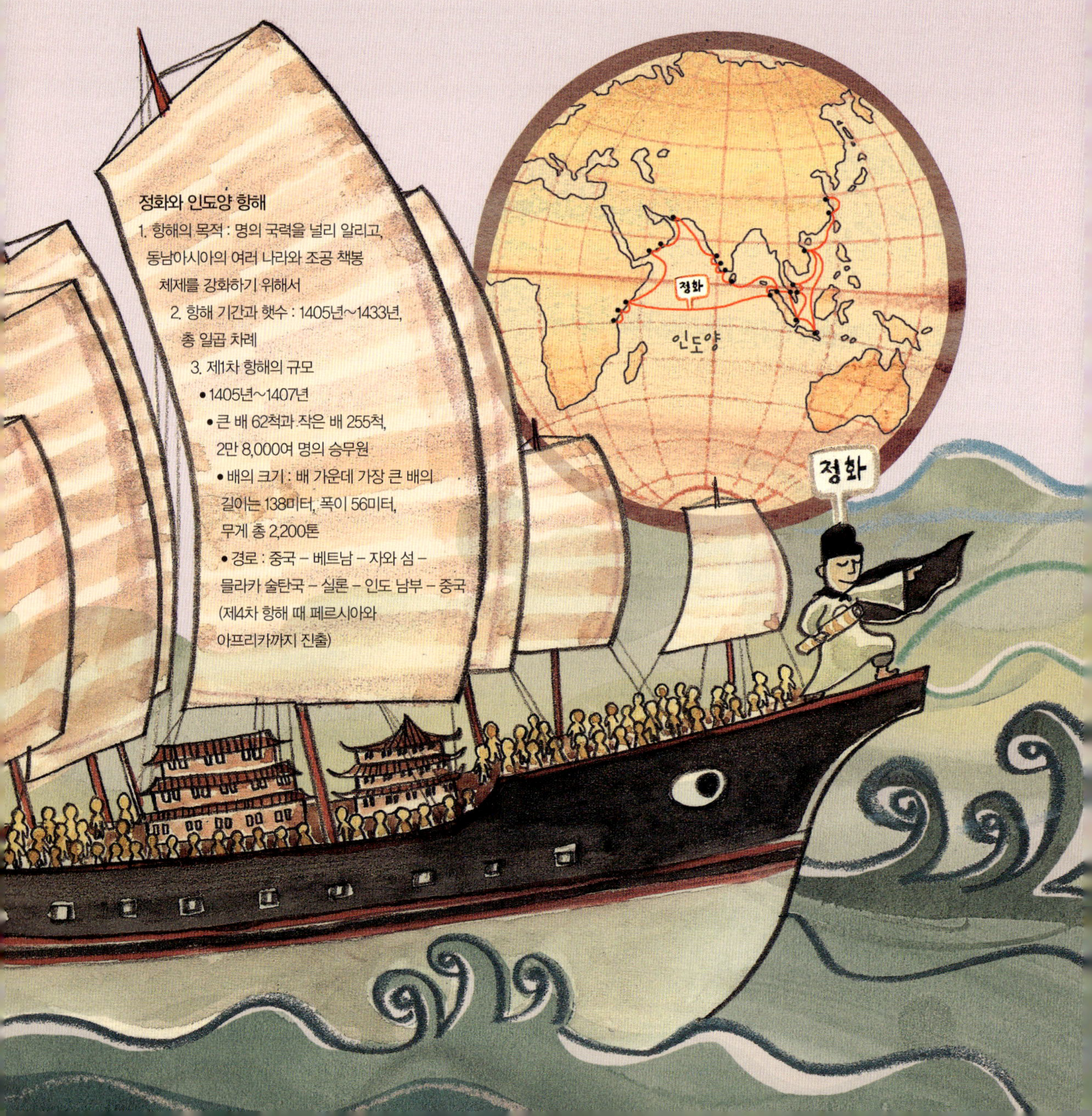
정화와 인도양 항해
1. 항해의 목적 : 명의 국력을 널리 알리고, 동남아시아의 여러 나라와 조공 책봉 체제를 강화하기 위해서
2. 항해 기간과 햇수 : 1405년~1433년, 총 일곱 차례
3. 제1차 항해의 규모
• 1405년~1407년
• 큰 배 62척과 작은 배 255척, 2만 8,000여 명의 승무원
• 배의 크기 : 배 가운데 가장 큰 배의 길이는 138미터, 폭이 56미터, 무게 총 2,200톤
• 경로 : 중국 – 베트남 – 자와 섬 – 믈라카 술탄국 – 실론 – 인도 남부 – 중국
(제4차 항해 때 페르시아와 아프리카까지 진출)
정화
인도양
정화

벗어나 더 먼 바다까지 갈 수 있었지. 하지만 이들 나라들은 새로운 바닷길을 찾아 나설 필요를 느끼지 않았단다. 왜냐고? 당시 세계 교역은 물자가 풍부한 이들 나라들 중심으로 짜여 있었고, 서유럽 국가들처럼 새로운 바닷길 개척에 눈을 돌릴 이유가 없었기 때문이야. 사실 서유럽 국가들이 새로운 항로 개척에 나선 것은 인도양 항로를 주도하는 아시아 강국들 틈에서 자유롭게 교역을 할 수 없었기 때문이란다. 그럼 이제 15세기~16세기 초 무렵에 세계의 큰 바다를 누빈 정화와 콜럼버스, 마젤란의 항해 규모를 함께 비교해 볼까?

콜럼버스와 대서양 항해 길
1. 항해의 목적 : 인도로 가는 새로운 항로를 발견하고, 아시아에 있는 크리스트 교 세력을 찾기 위해서
2. 항해 기간과 햇수 : 1492년~1504년, 총 네 차례
3. 제 1차 항해 규모
- 1492년~1493년
- 3척의 배, 90명의 승무원
- 배의 크기 : 길이는 23미터, 너비 7.5미터, 무게는 250톤 규모(정화 배의 1/5)
- 경로 : 에스파냐 – 쿠바의 섬 – 에스파냐
  (네 차례에 걸친 항해에도 아메리카를 인도라고 착각)

마젤란 일행과 태평양 항해
1. 항해의 목적 : 유럽 서쪽으로 인도로 가는 새로운 항로를 개척하기 위해
2. 항해 기간과 햇수 : 1519년~1522년, 한 차례
3. 항해의 규모
- 1519년~1522년
- 5척의 배와 약 250명의 승무원
- 배의 크기 : 길이 23미터, 너비 7.5미터, 무게 150톤
- 경로 : 에스파냐 – 아르헨티나 – 마젤란 해협 – 태평양 – 괌 – 필리핀 – 에스파냐
  (마젤란은 필리핀에서 죽음)

2 새로운 예술과 학문의 등장

16세기에 접어들어 바야흐로 세계가 지구촌으로 묶이면서 각 지역의 사람들은 나, 우리와는 다른 사람, 다른 문화를 발견하게 되었어. 그리고 그 발견은 다시 또 다른 물음으로 이어졌단다.

"그러면 나와 우리의 모습은 어떻게 생겼지?"

동아시아의 유교 세계, 인도와 동남아시아, 서아시아와 아프리카의 이슬람 세계, 유럽의 크리스트 교 세계는 확대되는 교역망 속에서 다양한 방식으로 접촉과 교류를 넓혀갔고, 점차 자기네 문명이 어떤 빛깔을 지녔고, 그것이 다른 지역의 문명과 어떻게 다른지를 차차 발견해 갔어.

그러면서 다른 사람들이 지닌 훌륭한 생각을 본받기도 하고, 자기가 지닌 독창성을 다른 사람들에게 전하기도 했지. 새로운 생각을 주고받고 섞는 가운데 새로운 학문이 꽃피었으며, 다양한 예술을 선보였단다. 이러는 가운데 문화의 전파와 발전 속도도 갈수록 빨라졌지.

그럼 이 무렵 각각의 문명권에서 새롭게 꽃을 피운 예술과 학문에 대해 함께 살펴볼까?

동아시아에서 꽃 핀 학문과 예술

14세기 후반, 동아시아 삼국에는 명과 조선, 무로마치 바쿠후가 각각 등장했어. 이와 함께 정치와 문화를 이끄는 세력도 바뀌었어. 먼저, 명과 조선은 사대부들이 전면에 떠올랐어. 그에 따라 성리학을 바탕으로 하는 사상이 발달하고, 사대부들의 문화가 꽃피었어.

이와 달리 일본에서는 무사가 지역 사회의 지도자로 등장했단다. 무사들 가운데에는 서민 출신이 많았는데, 이들은 정치 이전의 귀족 문화를 받아들여 일본의 독특한 무사 문화를 만들었지. 그럼, 동아시아 삼국의 예술과 학문이 어떻게 발전했는지 살펴볼까?

| 조선에서 성리학과 사대부 문화가 발달하다 |

이성계가 조선을 세울 때 오로지 군대의 힘에만 의지했던 것은 아니란다. 성리학으로 무장한 사대부들이 조선을 세우는 데에 큰 활약을 했어. 사대부들은 정치, 문화, 생활 등 모든 분야에서 성리학의 가르침을 실천하려고 노력했어. 조선을 세우는 데 큰 공을 세운 정도전과 권근, 세종을 도와 문화 발전을 이끈 정인지, 신숙주, 성삼문 같은 집현전 학사들이 조선 초기에 활약한 대표적인 성리학자들이야. 이들은 성리학에 바탕을 두고 법률과 제도를 가다듬는 한편, 농업을 장려해 농민의 생활을 안정시키려고 애썼어. 이처럼 성리

집현전에서 공부를 하는 사대부의 모습이다. 성리학으로 무장한 조선의 사대부들은 조선 초기에 정치에 참여해 현실을 바꾸는 일에 열심이었다. 이들을 관학파라고 부른다.

학의 가르침을 적극 실천하려 한 이들을 관학파 혹은 훈구파라고 부른단다.

그런데 성리학자들 가운데에는 훈구파와 생각이 다른 무리들이 있었어. 정몽주, 길재, 이색 등은 이성계가 조선을 세우는 것을 반대하고, 고려에 계속 충성하겠다고 주장했단다. 이들은 결국 이성계를 지지하는 사람들에게 죽임을 당하고 말았지. 하지만 그들의 생각은 제자들에게 이어졌어. 그 제자들은 벼슬길에 나서기보다는 시골에 묻혀 살며 학문 연구에 몰두했어. 이들은 학문 수준이 높았기 때문에 학문을 배우려고 찾아오는 젊은 학자들의 발길이 끊이지 않았어. 그래서 조선

이 세워지고 100여 년이 흐르는 동안 그 수가 크게 늘었어. 이들을 사림파라고 부른단다.

사림파는 관학파 성리학자들에 대해 매우 비판적이었어.

"관학파는 백성들을 제대로 돌보는 일은 뒷전이고, 자기네 잇속 차리는 데에만 정신이 팔려 있다!"

조선 초기의 사림파 가운데 대표 인물이 조광조란다. 조광조는 중종이 다스리던 1515년에 처음으로 벼슬을 얻었어. 조광조는 예법에 어긋나지 않게 생활하고, 정치를 하는 데에도 성리학의 가르침에서 벗어나지 않도록 했어. 그리고 관학파의 잘못된 점을 바로잡으려고 노력했지. 조광조의 이런 정치를 '도학 정치'라고 부른단다. 조광조는 조선 사회의 발전을 위해 의욕적으로 일을 벌였지만, 반대 세력의 모함을 받아 억울하게 목숨을 잃었어.

하지만 조광조의 뜻은 후세 사람들에게 계속 이어졌어. 서경덕과 이언적이 먼저 잇고, 다시 조식*과 이황, 이이가 그 뒤를 이어 조선 성리학이 활짝 꽃피었지. 이들은 다시 이황을 따르는 영남학파와, 이이를 따르는 기호학파*로 갈린단다. 영남학파와 기호학파는 줄기차게 논쟁을 펼쳤는데, 그러는 가운데 조선 당파의 싹이 텄단다. 토론과 경쟁 속에서 조선 성리학은 거듭해서 발전할 수 있었지.

성리학의 발전과 함께 서원도 크게 발달했어. 서원은 공자, 맹자 같은 유학 성인들의 제사를 지내고, 지방의 유생들이 모여 독서하고 학문을 연구하는 기관이야. 지방의 선비들은 서원에 모여 학문을 토론했으며, 제자를 길러 학문을 잇게 했지. 서원

조식*
조선 시대의 학자로, 호는 남명이다. 여러 차례 벼슬이 내려졌으나, 거절하고 성리학 연구와 제자를 가르치는 일에만 몰두하였다. 이황과 더불어 조선 성리학을 크게 발전시켰다.

기호학파*
경기도와 충청도 지역 출신들이 뭉친 조선 시대 성리학자 무리이다. 이이가 그 중심에 있었으며, 그의 가르침을 따르는 조헌, 김상헌, 송시열 등이 유명하다.

도산서원의 모습이다. 서원은 지방의 성리학자들이 모여 공부하던 곳으로, 성리학이 널리 퍼지는 데 큰 역할을 했다. 또한 사림들의 중요한 근거지 역할을 했다.

은 학문 활동이 전국적으로 번지게 만들어서 지방 문화의 발전을 이끌었어. 그러는 가운데 성리학은 더욱 넓은 기반을 갖추고 학문적으로 높은 성과를 이루었지.

한편, 지방 자치 단체의 규약인 향약도 크게 발전했어. 이것은 조광조가 널리 퍼뜨렸는데, 권선징악과 상부상조 등을 통해 서로 도우며 잘 살자는 목적으로 만들었어. 이황과 이이도 향약에 관심이 많았지.

성리학은 문화와 예술에도 많은 영향을 끼쳤어. 성리학은 한쪽으로만 치우치는 것을 꺼리고, 조화와 절제된 생활을 강조했단다. 그에 따라 조선의 문화와 예술은 검소하고 소박한 아름다움을 강조하는 방향으로 나아갔어. 그래서 화려하고 세련된 고려청자 대신, 조선 시대에는 소박한 미가 돋보이는 백자가 인기를 끌었어. 그뿐만 아니라 자연에서 소박한 삶을 즐기는 사대부들의 생활을 그린 산수화가 발달했지. 문학에서는 윤리적이고 유교적인 교훈이나, 왕에 대한 충성을 애틋한 남녀의 사랑에 빗대 노래한 시조와 가사 등이 유행했단다.

왕양밍이 새로운 유교를 주장하다

조선에서 성리학이 꽃필 무렵, 명에서는 성리학이 기울어 가고 새로운 유학이 떠올랐어. 왕수인이라는 사람이 주장한 양명학이란다. 왕수인은 왜 성리학을 멀리하고, 새로운 유학을 주장했을까? 그것은 성리학이 명을 이끌기에는 부족하다고 생각했기 때문이야.

왕수인은 명이 세워지고 나서 100년쯤 지나 태어났어. 명 초기에 황제와 정치가들은 성리학을 앞세워 사회의 질서를 바로 잡기 위해 노력했어. 그리고 황제를 중심으로 해서, 성리학을 통해 학문과 도덕을 쌓은 사대부가 앞장서 사회 질서를 유지했어.

하지만 명 초기의 안정은 오래가지 못하고, 영락제가 죽은 뒤 흔들리기 시작했어. 첫 번째 이유는 명의 상공업이 발달함에 따라 인구 이동이 잦아지는 등 사회가 빠르게 변했기 때문이야. 사실 중국에서는 이미 10세기 무렵인 송 대부터 상업과 수공업이 눈부시게 발전하기 시작했어. 그뿐만 아니라 당시 어느 나라보다 앞선 기술과 산업 수준을 자랑했지. 송의 경제 발전은 원으로 이어져 항저우, 쑤저우 같은 도시들을 중심으로 상업과 교역이 크게 활기를 띠었단다.

과거 합격자를 알리는 게시판에 모인 사람들의 모습을 그린 명 시대 기록화이다. 과거는 유학 지식을 시험하여 관료를 선발하는 제도로, 수나라 때 처음 만들었다. 송 때 널리 시행되다가 원 때 한동안 중단되면서 크게 위축되었다. 그러다가 명이 시작되면서 본격적인 관료 등용문으로 자리를 굳혔고, 1905년에 폐지되었다.

    그런데 명을 세운 주원장은 농업을 중시하고 상업을 억제하는 정책을 펼쳤어. 그 정책은 별 효과를 거두지 못했어. 정책으로 사회를 바꿀 수 없을 만큼 사회가 너무 변해 있었거든. 도리어 농사일을 등지고 상업과 수공업으로 돌아서는 농민이 계속 늘어났어. 많은 사람이 이익을 좇아 도시로 몰렸지. 그러면서 명의 사회 질서를 유지하던 바탕인 농촌의 질서가 무너졌단다.

    명의 질서를 흔든 것은 사회의 변화뿐만이 아니었어. 명은 정치와 군사적인 면에서도 어지러운 시기를 맞았어. 황제의 신임을 얻은 환관들이 세력을 손에 쥐고 정치를 마구 어지럽혔어. 그런가 하면 명에 밀려나 초원에서 숨죽이고 있던 몽골

이 다시 고개를 들고 북쪽 국경 지역을 자주 침략해 왔단다.

이처럼 명의 사회가 어지럽고 불안해지자 성리학은 갈수록 힘을 잃었어. 성리학은 주어진 질서 속에서 신분에 맞는 일을 하며 조화롭게 사는 것을 높게 친단다. 그러니 성리학은 빠른 변화를 겪으며 혼란에 빠진 상황에서 더 이상 어울리지 않았어.

"지금 이 시대에는 성리학이 아닌 새로운 학문이 필요하다!"

이러한 생각이 퍼져 나갔고, 그러는 가운데 양명학이 등장했단다. 양명학을 주장한 왕수인도 어린 시절에는 성리학을 열심히 공부해서 과거에 급제한 뒤 벼슬을 얻었어. 하지만 당시 권세를 휘두르던 환관을 비판했다가 외진 곳의 역장으로 쫓겨나고 말았어. 왕수인은 그곳에서 유배 생활이나 다름없이 생활하는 동안 학문에 힘을 쏟았는데, 어느 날 밤 갑자기 이런 깨달음을 얻었다고 해.

"성인의 도는 나의 마음속에 완전히 갖추어져 있다. 이제까지 이치를 여러 사물에서 구하려 한 것은 잘못된 것이다."

그동안 성리학자들은 이치를 깨달으려면 폭넓은 지식과 엄격한 수양이 필요하다며, 항상 밖에서 무언가를 찾으려고 애써 왔어. 그런데 왕수인은 밖이 아니라 안, 즉 자연 그대로의 마음속에서 얼마든지 이치를 구할 수 있다는 걸 깨달은 거야.

누가 가르쳐 주지 않아도 갓난아기가 젖 달라고 "응애!" 하고 울듯이, 진정한 도덕성은 누구나 마음속에 가지고 태어난다고 생각한 거지. 이러한 마음을 왕수인은 '양지'라고 불렀어. 그는 양지를 깨닫는 것이 곧 앎과 행동이 일치하는 것이라고 주장했단다.

왕수인은 서민들과 만나면서, 그들에게도 진리와 덕을 쌓을 수 있는 양지의 능력이 있음을 확신했어. 그 경험을 바탕으로 사대부·농민·수공업자·상인이 모두 평등하다는, 당시로서는 혁명적인 주장까지 했단다. 자연히 소금 장수나 농부와 같은 서민들 가운데 왕수인의 가르침을 따르는 학생들이 늘어 갔지. 반면에 사대부들은 왕수인과 그의 제자들이 영 마음에 들지 않았어.

그러면 양명학은 성리학과 전혀 다를까? 꼭 그렇지는 않아. 왕수인은 효와 충을 강조하는 유교의 가르침을 완전히 부정한 것이 결코 아니란다. 다만 사회의 질서가 흐트러져 가는 모습을 보고 새로운 질서를 찾아보려고 한 거야. 그러는 가운데 사람들의 욕망과 행동을 더 이상 성리학의 틀 안에 가둘 수 없다는 것을 다른 사람들보다 일찍 깨달은 거지.

이처럼 남들보다 앞서 나간 덕분에 왕수인의 주장은 당시로서는 매우 급진적인 것으로 받아들여졌어. 그래서 많은 사람이 양명학을 혼란만 불러일으키는 이단이라고 여겼으며, 심지어 양명학 때문에 명이 무너졌다고까지 생각했어.

양명학은 명 다음에 등장한 청 시대에는 크게 발전하지 못했단다. 그런데 일본으로 건너간 뒤 일본에서는 오히려 오랜 기간에 걸쳐 일본 학문과 사상에 많은 영향을 끼쳤어.

| 일본에 무사 문화가 발달하다 |

명과 조선이 세워질 무렵, 일본에서는 무로마치 바쿠후가 등장했어. 그런데 무로마치 바쿠후는 15세기 중반에 무

칼을 손질하는 일본 무사의 조각상이다. 무사들은 칼을 매우 소중하게 여겼기 때문에 칼을 손질하는 데 많은 시간과 정성을 기울였다.

『손자병법』*
중국 춘추 시대 오나라의 손무가 지은 병법서이다. 전쟁에서 작전을 세우는 법, 병사를 다루는 법 등을 나타 사내와 함께 미투있며.

왼쪽은 말 탄 일본 무사의 모습을 그린 기록화이고, 위쪽은 무사들이 활쏘기 시합을 하는 모습을 그린 기록화이다. 무사에게 중요한 것은 전쟁에서 큰 공을 세우는 것이기 때문에, 전쟁이 없을 때에도 말 타기, 활쏘기 훈련에 많은 시간과 노력을 들였다.

너졌어. 그리고 그 뒤로 각 지역의 힘 있는 장군들이 무사를 거느리고 서로 다투는 전국 시대가 펼쳐졌단다. 하루가 멀다 하고 크고 작은 전투와 전쟁이 일어나는 시기가 100년 넘게 이어졌지.

전국 시대는 힘센 사람이 곧 선(善)이 되는 시대였어. 그리고 오로지 힘과 개인의 능력에 의지하는 무사들이 지배하는 사회였어. 조선과 명에서 도덕과 학문을 중시하는 사대부들의 시대가 펼쳐질 무렵, 일본에서는 무사들의 시대가 펼쳐졌단다.

일본에 무사가 처음 나타난 것은 10세기 무렵이야. 당시는 왕과 귀족들이 권력 다툼을 벌였기 때문에 사회가 몹시 혼란스러웠어. 그러자 농민들 가운데 일부가 가족과 땅을 지키려고 스스로 칼과 갑옷으로 무장하고 무사가 되었단다. 이렇게 등장한 무사들이 점차 힘을 키워 귀족들을 몰아내더니, 1192년에 첫 무사 정권인 가마쿠라 바쿠후를 세웠어. 그 과정에서 무사들이 힘센 다이묘, 즉 장군에게 충성을 맹세하고 땅과 돈을 받는 제도가 뿌리내렸어. 유럽의 봉건 제도와 비슷하지?

일본 무사들의 목표는 전쟁에서 공을 세워 땅을 얻은 뒤, 그곳에 성을 쌓아 성의 주인이 되는 거였어. 따라서 무사에게 필요한 것은 전쟁에서 이겨 적의 땅을 빼앗는 것이었단다. 그렇기 때문에 무사들에게는 무예를 익히는 것이 무엇보다 중요했어. 무사들은 말 타기, 활쏘기, 검술 훈련 등을 받으며 무예를 익혔고, 일본 씨름인 스모를 하며 힘을 겨뤘어. 그렇다고 무사들이 오로지 무예에만 온 힘을 쏟은 것은 아냐. 그들은 기본적인 유교 교육도 받았어. 무사들에게 무예가 차지하는 비중이 7이라면, 문예의 비중은 3 정도였단다.

무사들이 즐겨 읽은 책은 『손자병법』*이었어. 『손자병법』은 중국의 춘추 시대에 손무가 병법에 대해 쓴 책이야. "적을 알고 나를 알면 백 번 싸워도 위태롭지 않다.", "싸우지 않고 이기는 것이 으뜸 전술이다." 등이 이 책의 유명한 구절이야.

그렇다고 무사를 아무 때나 칼을 휘두르며 싸움만 즐긴 사람들이라고 생각하면 곤란해. 무사들은 전쟁이 없는 평화로운 시기에는 농사를 짓거나 농지를 일구었어. 그리고 힘이 약한 농민들을 보호하는 것도 무사들이 해야 할 중요한 일 가운데 하나였어. 무사들 가운데 신분이 높은 장군들에게는 또 다른 역할이 있었어. 그들은 언제 일어날지 모르는 전쟁에 대비해서 농업과 수공업을 장려하고, 농민들을 잘 다독거려야 했어.

무사들이 사회의 한 부분을 차지함에 따라, 무사들만의 문화도 나타나기 시작했단다. 화려함을 좋아한 귀족들과 달리, 무사들은 대부분 검소하게 생활하면서 소박하고 서민적인 문화를 즐겼어. 이 무렵, 무사들 사이에서는 일본 특유의 차 문화인

일본 승려가 차를 끓여 마시는 모습을 그린 기록화이다. 다도는 불교 승려를 중심으로 유행하다가 점차 무사들도 마음을 단련하기 위해 다도를 익히기 시작했다. 그 뒤 다도는 서민들 사이에도 퍼져 일본의 중요한 문화가 되었다.

다도*
찻잎 따기에서 차를 달여 마시기까지의 순서와 예의를 지킴으로써 몸과 마음을 수련하여 덕을 쌓는 행위를 말한다. 다도는 중국, 조선, 일본 등 동아시아 삼국에서 모두 발달했다.

다도*와 정원 가꾸기 등이 유행했어. 다도가 발달한 데에는 불교의 영향이 크단다. 무사들은 자주 전쟁을 치러야 했기 때문에, 늘 언제 죽을지 모른다는 불안을 안고 살았어. 그들은 불교를 통해 그 불안을 달랬지. 불교 문화를 많이 접하는 가운데, 승려들의 차 문화를 받아들여서 독특한 다도 문화로 발전시켜 나갔단다.

이 무렵 발전한 정원 가꾸기는 돌과 모래 등으로 자연을 단순하게 표현한 것이 그 특징이야. 전쟁에 지친 무사들이 몸과 마음을 달래기 위해 이와 같은 문화를 즐겼단다. 이 밖에도 서원 건축이 발달했어. 무사들은 집에 책을 읽는 서재를 따로 마련했는데, 이것이 일본의 대표적인 전통 건축 양식으로 자리 잡았단다.

이렇게 만들어진 무사 문화는 시간이 지나면서 농민과 서민들 사이로까지 퍼져 나갔어. 그러면서 일본의 전통 문화로 뿌리내려 오늘날까지 전해 온단다.

클릭! 역사 속으로
조선의 큰 학자, 이황과 이이

'선생님을 뵈오니 구름 속의 달을 보듯 생각이 트이고, 너그럽고 슬기로운 선생님의 말씀을 듣다 보니 어리석은 제 생각이 바로 잡힙니다.'

이 글은 스물세 살 된 이이가 이황을 찾아가 이야기를 나눈 뒤 이황에게 쓴 글이야. 이황 역시 이이를 만나 이야기를 나눈 기쁨을 썼어.

'오늘 늦게야 집에 돌아와 할 일이 아득했는데 잠잠하고 조용한 이곳에도 햇빛이 비쳤네그려. 자네를 만나 학문의 올바른 길을 가르쳤으니, 공부 길이 힘들지만 한숨 쉬며 한탄하지 않고 나아가면 외진 이 산골을 찾아온 자네의 뜻이 후회스럽지 않을 걸세.'

이 글을 읽으니 이황이 선생님 같지 않니? 그래, 이황은 이이보다 나이가 훨씬 많았어. 이때 나이가 쉰여덟이었지.

이황을 찾아온 이이는 한 번 하기도 어렵다는 장원 급제를 여러 번 한 똑똑한 젊은이였어. 또 학문에 대해서 부지런히 익히고 토론하기를 즐겼지. 이이는 이황을 만나 궁금했던 점을 묻고 자신의 학문에 대한 생각도 밝혔어.

이이를 맞은 이황은 정성껏 답을 했어. 둘의 이야기는 며칠이나 계속되었지. 이황은 이이를 두려울 만큼 훌륭한 젊은이라고 여겼어. 이황과 이이는 학문에 대한 입장은 달랐지만 깊고 길게 이야기를 나눈 뒤 서로 존경하는 마음을 가졌어. 그래서 위와 같은 글을 썼단다.

이황과 이이는 나라의 앞날을 걱정하던 큰 학자였으며, 둘 다 자기가 이룬 학문을 널리 퍼뜨리고 제자를 가르쳤다는 공통점이 있어. 그리고 둘은 조선 성리학의 두 큰 기둥이라고 할 수 있지.

오스만튀르크와 페르시아의 번영

오스만튀르크 제국은 콘스탄티노플을 무너뜨린 뒤 지중해 세계의 새로운 강자로 떠올랐어. 그로부터 얼마 지나지 않아서 이웃 나라들은 오스만튀르크의 술탄을 세계에서 가장 강력한 통치자 가운데 하나로 인정하기 시작했단다.

한편, 이란 지역에서는 사파비 왕조가 등장해 페르시아의 부흥을 꾀했지. 이제부터 오스만튀르크와 사파비 가문의 페르시아 제국의 전성기를 살펴보도록 하자.

| 오스만튀르크 제국이 전성기를 누리다 |

1520년, 술레이만 1세가 오스만튀르크 제국의 술탄 자리에 올랐어. 술레이만 1세는 40년 넘게 통치를 하면서 오스만튀르크 제국의 전성기를 이끌었단다.

술레이만이라는 이름은 솔로몬에서 따온 거야. 솔로몬은 고대 이스라엘의 지혜로운 왕으로, 특히 공정한 판결로 이름이 높단다. 술레이만 1세는 솔로몬을 닮아 가려는 듯, 술탄이 되자마자 법률을 새롭게 가다듬었어. 사실, 그 일을 서두른 까닭은 메메트 2세 이후 오스만튀르크 제국의 영토가

말을 탄 오스만튀르크 제국의 술레이만 1세 초상화이다. 술레이만 1세는 오스만튀르크 제국의 영토를 넓히고, 문화와 경제를 장려하는 등 오스만튀르크 제국의 전성기를 이끌었다.

유럽의 여러 도시를 공격하는 오스만튀르크 제국 군대의 모습을 그린 기록화이다. 술레이만 1세는 동유럽의 여러 도시를 공격하는 등 유럽을 위협했다.

크게 넓어졌기 때문이야.

"넓은 제국을 효과적으로 다스리려면 우선 통일된 법률을 마련해야 한다."

이처럼 술레이만 1세는 법률의 중요성을 일찍이 깨달았어. 새로 정복한 지역의 백성들 누구나 공평하게 대우받기를 원한다는 것을 알아차린 거야. 그래서 술레이만 1세는 지역마다 다른 법률을 모은 뒤, 제국의 모든 백성에게 공평하게 적용할 수 있는 법을 만들었단다.

한편, 술레이만 1세는 정복 전쟁을 활발하게 벌여 제국의 영토를 크게 넓히는 데에도 앞장섰어. 술레이만 1세가 맨 먼저 칼을 겨눈 곳은 동유럽 지역이었어. 그는 1521년에 오늘날 세르비아의 수도인 베오그라드를 손에 넣었어. 그리고 몇 년 뒤, 다시 대규모 군대를 이끌고 헝가리를 공격해 승리를 거머쥐었단다. 하지만 그에게도 패배는 있었어. 술레이만 1세는 두 차례나 빈을 공격했지만, 두 번 다 발걸음을 돌려야 했어.

그 뒤로 술레이만 1세는 동쪽으로 눈을 돌려 소아시아 대부

오스만튀르크의 시장 모습이나. 오스만튀르크의 시장에는 아시아와 유럽 곳곳에서 온 물건들이 가득했고, 상인들도 늘 북적댔다.

분을 손에 넣었고, 아라비아 반도까지 공격해 바그다드를 점령했어. 이렇게 해서 술레이만 1세는 아시아, 유럽, 아프리카에 걸친 넓은 땅을 자신의 지배 아래 두었단다.

그런데 술레이만 1세는 단지 넓은 땅을 다스리는 술탄에 머물고 싶지 않았어. 마침내 그는 이렇게 선언했단다.

"이제는 내가 전 세계 모든 무슬림의 우두머리인 칼리프이다!"

물론 술레이만 1세를 칼리프로 인정하지 않는 무슬림도 많았단다. 하지만 드러내 놓고 불만을 표현하기는 쉽지 않았어. 왜냐하면, 이슬람 교의 성지인 메카와 메디나, 예루살렘이 모두 그의 제국에 포함되어 있었거든. 성지를 방문하려면 어쩔 수 없이 오스만튀르크 제국의 땅을 밟아야 했으니, 술레이만 1세에게 대들기도 힘들었겠지?

한편, 오스만튀르크의 수도인 이스탄불도 한껏 번영을 누렸어. 메메트 2세 때부터 이스탄불에서는 도시를 다시 일으키는 사업을 벌여서 곳곳에 크고 화려한 궁전, 신전, 종교 대학, 병원, 양로원, 도서관 등을 지었어. 그에 따라 인구도 빠르게 늘어서, 술레이만 1세 때는 50만 명에 이르렀단다.

인구가 늘어나는 것과 함께 엄청난 양의 물건이 제국 곳곳에서 이스탄불로 쏟아져 들어왔어. 소아시아의 밀,

이집트의 쌀·소금·사탕수수, 동유럽의 목재와 철 등이 대표적 물품이었단다.

그리고 이스탄불에는 베네치아, 제노바, 프랑스 상인들이 들어와 활발하게 교역을 벌였단다. 이들은 사향, 도자기, 향료, 향수 등 아시아에서 온 상품들을 사들였어. 그리고는 모피, 베네치아 장인들이 만든 거울, 백인 노예, 강철 따위를 팔았지.

오스만튀르크 정부는 이스탄불 사람들에게 필요한 생필품을 직접 관리했어. 그럼으로써 물가를 안정시키고, 필요한 물품이 제때 공급될 수 있도록 주의를 기울였지. 생필품이 아닌 수공품이나 사치품은 도매상에게 넘겨주어 시장에 맡겼지. 시장에서 거래된 주요 상품으로는 유리 제품, 비단, 양탄자 등이 있었어.

| 다양함이 어우러진 오스만튀르크 제국의 문화 |

술레이만 1세는 훌륭한 통치자였을 뿐만 아니라, 뛰어난 시인이자 학자였고, 예술과 건축의 든든한 후원자였단다. 이 무렵에 오스만튀르크의 문화 역시 전성기를 맞았지.

예술을 사랑한 술레이만 1세의 궁전에는 이탈리아 화가, 그리스 시인, 페르시아 작가 등 세계 곳곳에서 온 수많은 예술가들로 늘 붐볐어. 이들은 서로의 생각을 활발하게 주고받으며, 오스만튀르크의 문화와 예술의 발전을 이끌었단다. 궁전에 세운 아카데미에서는 화가, 조각가, 서예가 들이 작품 활동을 했어. 이들은 값비싼 세밀화뿐 아니라 도자기나 양탄자에 넣을 문

모스크*
아랍 어의 마스지드에서 유래했다. 마스지드는 '이마를 땅에 대고 절하는 곳'을 뜻한다. 긴 복도가 있고, 안뜰에는 몸을 깨끗하게 하는 샘물이 있다. 그리고 건물 내부에는 메카를 향해 예배를 드리는 방과 설교사를 위한 높다란 단이 놓여 있다. 또 모스크의 본 건물 한쪽에는 1~6개의 탑이 높이 솟아 있다.

양과 도안 따위도 만들었지.

뛰어난 학자들도 이스탄불로 모여들었단다. 그들은 이슬람 신학, 천문학, 수학, 의학, 역사, 지리 등에서 연구 업적을 쌓아 갔고, 그 결과물을 책으로 펴냈어. 또 수없이 많은 문학가, 화가, 건축가, 기술자 들이 재능을 펼쳤지.

이들 가운데 세계 건축 역사상 큰 발자취를 남긴 이가 있는데, 바로 미마르 시난이란다. 미마르 시난은 원래 크리스트 교도였는데, 어렸을 때 오스만튀르크의 병사로 뽑힌 뒤로 이슬람 교로 개종했어. 군대에서 건설 장교가 된 시난은 건축가로서 재능을 발휘해서 술레이만 1세에게 인정을 받았지. 시난은 모스크*, 무덤, 다리, 저수지, 목욕탕 등 300개가 넘는 건축물을 남겼어. 그 가운데 대표작이 세자데 메메트 사원, 술레이마니예 모스크, 루스템 파샤 사원 등이야.

시난은 건물을 짓는 데 그치지 않고, 건축에서 따라야 할 개념들을 완성했어. 시난의 작품을 보면, 피라미드처럼 하늘을 향해 치솟아 있는 형태를 볼 수 있어. 이와 같은 집중형 설계는 그 뒤로 오스만튀르크 건축의 기본으로 자리 잡았단다.

한편, 오스만튀르크 제국의 문화의 특징은 다양성을 인정한 데에 있단다. 오스만튀르크는 아시아, 유럽, 아프리카 대륙에 걸친 아주 큰 제국이었어. 제국이 자리 잡은 땅은 고대부터 다양한 문명이 꽃피었고, 아시아와 유럽이 활발하게 교류를 해 온 곳이었지. 게다가 넓은 영토 안에서는 그리스 사람, 튀르크 사람, 아랍 사람, 라틴 사람, 유대 사람 등등 여러 민족이 어울려 살았어. 오스만튀르크 제국의 정부는 이들을 무리하게 하나로 묶기보다는 다양한 문화를 인정하는 정책을 펼치는 쪽을 택했어.

앞에서 살펴본 밀레트 제도는 제국 안의 여러 민족이 저마다의 종교와 문화를 유지할 수 있도록 보장해 주었어. 또, 공식어인 튀르크 어 말고도 다양한 언어를 사용할 수 있도록 인정해 주는 등 문화의 다양성을 존중했단다.

제국 안에서 다양한 문화가 자기 색깔을 지켜 나가는 가운데, 여러 문화는 영향을 주고받으며 섞여 갔어. 그러면서 오스만튀르크의 독특한 문화와 예술이 발달했단다. 이와 같은 오스만튀르크 문화와 예술의 특징은 문학, 그림, 도자기, 건축 등 거의 모든 분야에서 엿볼 수 있어.

예를 들어, 문학과 그림에서는 페르시아의 영향이 두드러지게 나타났단다. 신비스러운 느낌이 강한 페르시아의 문학과 그림에 사실적인 특징이 강한 오스만튀르크 문화가 보태져 새로운 문화가 나타났어.

미마르 시난이 세운 쉴레이마니예 모스크이다. 술레이만 1세 때 미마르 시난이 1550년부터 1557년까지 7년에 걸쳐 세운 건축물로, 4개의 뾰족한 탑, 둥근 모양의 지붕, 예배당 건물 등을 비롯해 가난한 사람들에게 음식을 제공하는 식당, 병원 및 이슬람 가르침을 배우는 전문학교 등으로 이루어져 있다.

도자기는 중국의 영향을 받았어. 그런데 여기에 점차 실용성을 강조하는 튀르크의 특징이 보태져서, 다양한 모습의 실용적 도자기를 많이 만들었지. 그래서 오스만튀르크의 도자기를 살펴보면 손잡이가 달린 물병, 잉크병, 촛대 등 생활용품이 많단다. 그런가 하면 도자기는 궁전이나 사원 내부의 벽을 장식하는 데에도 많이 쓰였어.

이처럼 눈부신 번영을 누리던 오스만튀르크 제국도 술레이만 1세가 죽은 뒤로는 서서히 기울기 시작했어. 술레이만 1세의 뒤를 이은 술탄은 백성들로부터 '주정뱅이'라는 별명을 얻었단다. 나랏일을 돌보기보다는 잔치를 벌이는 데 훨씬 많은 시간을 보냈기 때문이야. 자연히 오스만튀르크 제국도 움츠러들기 시작했지.

오스만튀르크 제국은 그뒤로도 300년 넘게 이어졌지만, 술레이만 1세 시절만큼 찬란한 번영은 두 번 다시 누리지 못했단다.

금, 에메랄드 같은 갖가지 보석으로 치장한 오스만튀르크의 화려한 물병이다. 오스만튀르크에서는 황제와 귀족들을 위한 물병을 많이 만들었다.

페르시아의 부활을 내세우다

오스만튀르크 제국이 세력을 키워 갈 무렵, 그 동쪽에서 또 다른 이슬람 국가가 힘을 키우고 있었어. 바로 오늘날의 이란 지역에 있던 페르시아 제국이야. 사파비 가문의 이스마일 1세가 이전 페르시아 제국을 계승하겠다며 세운 나라지.

이스마일 1세는 튀르크 출신으로, 그의 아버지는 이슬람 교의 소수파인 시아파의 지도자였어. 아버지가 다수파인 수니파와 전투를 벌이다가 목숨을 잃자, 이스마일 1세와 그의 가족들은 수니파의 눈을 피해 숨어 살아야 했어.

이스마일 1세는 자라면서 자신을 따르는 무리들을 모아 차츰 힘을 키우고 영토를 넓혀 갔어. 1501년, 마침내 오늘날의 이란 지역을 차지하고, 스스로 페르시아 제국의 전통을 잇는 '샤'라고 선언했지. '샤'는 페르시아 어로 군주라는 뜻이야.

이스마일 1세는 점차 중앙아시아 남쪽까지 정복해서 자신의 지배 아래 두었어. 이 무렵 중앙아시아에서는 한동안 큰 세력을 떨치던 티무르 제국이 힘을 잃는 바람에 크고 작은 나라들이 서로 다투었어. 이스마일 1세에게는 세력을 넓히기에 좋은 기회였지.

이스마일 1세는 이렇게 정복 전쟁으로 영토를 넓히는 한편, 이슬람 교의 시아파를 국교로 삼았어.

"나는 이슬람 교를 창시한 무함마드의 핏줄을 잇는 진정한 후계자이며, 나만이 이슬람 세계의 유일한 지도자다!"

이스마일 1세가 이렇게 주장하자, 당시 이슬람 세계에서 가장 큰 세력을 떨치던 오스만튀르크 제국의 심기가 편할 리 없었지. 두 나라 사이에 긴장이 높아 갔어. 마침내 오스만튀르크 제국의 셀림 1세가 총과 대포로 무장한 대군을 이끌고 쳐들어왔단다. 이스마일 1세는 이 전쟁에서 큰 위기를 겪었지만, 오스만튀르크 군대에서 내부 다툼이 일어나는 바람에 위기를 넘겼단다.

이스마일 1세가 서른여섯, 젊은 나이에 세상을 떠난 뒤, 페르시아는 한동안 샤 자리를 둘러싸고 혼란을 겪었어. 그러다가

이스파한*
이란 중부에 있는 도시이다. 기원전 6세기 무렵 페르시아 제국 때에 처음 세워졌다. 그 뒤 17세기에 아바스 1세가 수도로 정한 뒤 번영을 누렸다. 옛 페르시아 도시의 모습이 가장 많이 남아 있으며, 아바스 1세 이후에 세워진 각종 기념물이 곳곳에 있다.

위쪽은 페르시아의 수도인 이스파한의 모스크 지붕이다. 『쿠란』의 중요한 구절이 아름답게 새겨진 이 둥근 모양의 지붕 양식은 페르시아의 독특한 예술 양식 가운데 하나이다. 오른쪽은 페르시아의 샤인 아바스 1세의 초상화이다.

1588년에 아바스 1세가 새로운 샤 자리에 올라 페르시아의 전성기를 이끌었단다. 아바스 1세는 먼저 지방 귀족들의 세력을 억누르고, 관료 기구를 가다듬어서 샤에게 권력이 모이도록 만들었어. 그는 군대에도 손을 댔는데, 이전처럼 필요할 때마다 군대를 소집하는 대신 상비군을 만들었지. 그리고 유럽에서 총을 비롯한 새로운 무기를 들여와서 보병을 강화하는 등 군대의 힘을 키웠단다.

아바스 1세는 몇 년에 걸쳐 군대를 키운 뒤, 드디어 오스만튀르크 제국과 맞붙었어. 아바스 1세는 이 전쟁에서 승리를 거두어, 바그다드를 비롯한 서아시아의 넓은 지역을 손에 넣었단다.

그런 다음 아바스 1세는 수도를 이스파한*으로 옮겼어. 그러고는 수많은 건축가와 장인들을 불러들였지.

"이스파한을 세계에서 가장 아름다운 도시로 만들어라!"

아바스 1세의 지시에 따라 건축가와 장인들은 바삐 움직였어. 모스크와 신학 대학, 대상 숙소, 공중목욕탕 등이 곳곳에 들어섰어, 또 널찍한 도로가 나고, 화려한 모습을 갖춘 이스파한 이맘 광장도 모습을 드러냈어. 이스파한이 세계에서 가장 아름다운 도시라는 소문이 이웃 나라로 점점 퍼졌단다.

아바스 1세는 백성들의 살림을 보살피는 일도 게을리 하지 않았어. 그는 백성들이 많이 모이는 장소에 자주 나가서 백성들의 목소리를 직접 들었어. 만약 부패한 관리가 있으면 당장에 벌을 주어 백성들의 억울함을 풀어 주기도 했단다.

한편, 아바스 1세는 교역과 상업을 북돋아 주어 경제 발전을 이끌었어. 그 덕분에 이스파한의 시장은 온갖 상품과 사람들로 가득 찼어. 또 바그다드를 비롯해 페르시아 제국의 항구마다 세계 각지에서 온 배들로 북적였어. 특히 페르시아의 양탄자는 색깔과 문양이 매우 화려하고 아름다워서, 서유럽의 왕과 귀족들 사이에서 큰 인기를 끌었어.

아바스 1세는 40년 넘게 페르시아를 다스리면서 제국을 눈부시게 발전시켰단다. 하지만 그가 세상을 떠난 뒤로 페르시아 제국은 위기를 맞았어. 정치는 혼란에 빠졌고, 그 틈을 타서 이웃 나라들이 덤벼들었어. 아바스 1세가 죽은 지 100년도 채 지나지 않은 1722년, 결국 페르시아 제국은 아프간 족의 공격에 무너지고 말았어.

> 클릭! 역사 속으로

오스만튀르크 건축의 아버지, 미마르 시난

1557년, 오스만튀르크의 수도 이스탄불에는 큰 이슬람 사원이 하나 지어졌어. 바다가 내려다보이는 높은 언덕에 지붕이 둥글고 뾰족한 탑이 네 개 딸린 아주 멋진 사원이었지.

오스만튀르크의 황제 술레이만 1세가 사원을 구경하러 왔어. 이 사원을 지은 건축가인 미마르 시난은 황제에게 이야기했어.

"이 사원은 황제 폐하께 바치는 사원입니다. 이 사원의 이름은 술레이마니예 사원이라고 합니다."

황제는 기분 좋게 웃으며 대답했어.

"허허, 아주 마음에 드는구려. 이렇게 웅장하고 아름다운 사원은 본 적이 없소. 과연 당신은 오스만 최고의 건축가요."

술레이마니예 사원을 본 사람은 누구나 감탄했어. 사원 안으로 들어가면 높고 둥근 천장에 아름다운 그림이 그려져 있고, 스테인드글라스로 장식한 수많은 창에서 빛이 들어왔어. 아름다운 사원 안은 시간이 지남에 따라 빛이 들어오는 양이 달라졌는데 다른 세계에 온 듯 경건해졌고 편안한 느낌이 들었지.

이 사원과 사원 근처에는 커다란 병원과 의과 전문학교, 식당, 목욕탕, 가게, 마구간까지 지어 놓았어. 신이 저 높은 곳에 있는 것이 아니라 사람들과 가까이 있다는 이슬람 사람들의 생각에 따라 사원과 그 주변에 생활에 필요한 건물을 함께 지은 거야.

시난은 술레이마니예 사원을 지은 뒤로도 쉬지 않고 일했어. 술레이만 1세는 예술과 건축을 사랑하는 사람이어서 시난을 전폭적으로 후원했지. 시난은 죽을 때까지 사원 79개, 궁전 34개, 공중목욕탕 33개, 학교 55개 등 엄청나게 많은 건물을 지었어. 시난이 지은 건물이 어찌나 많았던지 시난이 죽은 뒤 이스탄불에는 사원을 지을 만한 언덕이 하나도 없었다고 해.

위대한 건축가 시난이 지은 아름다운 건물들로 오스만튀르크의 전성기를 짐작할 수 있을 것 같지?

새로운 예술과 과학이 등장한 유럽

에스파냐와 포르투갈이 새로운 항로 발견에 발 벗고 나설 무렵, 이탈리아에서는 르네상스의 꽃이 피어나고 있었어. 르네상스는 어떤 의미에서 새로운 발견이기도 했단다. 르네상스가 발견한 것은 바로 고대 그리스의 비판적인 정신과 자유로운 상상력이었어.

이를 바탕으로 유럽 사람들은 개인의 욕망을 발견해 갔으며, 그것을 적극적으로 드러내기 시작했어. 그 결과 새로운 예술과 문화이 꽃피고, 합리적이고 과학적인 사고가 싹텄지. 르네상스가 어떻게 펼쳐지고, 그것이 유럽 세계를 어떻게 변화시켰는지 알아보자꾸나.

| 이탈리아에서 르네상스가 꽃피다 |

유럽의 르네상스는 15~16세기에 활짝 꽃피었는데, 그 싹은 300년 전쯤부터 이미 자라고 있었어.

13세기 중반에 몽골 제국이 등장해 세계 교역망을 하나로 이었고, 그 길을 따라 중국, 인도, 이슬람 세계의 기술과 문물이 빠르게 퍼져 나갔어. 그리고 11세기 말에 시작된 십자군 전쟁이 200년 넘게 이어지는 동안 서유럽 사람들은 이슬람 세계와 비잔티움 제국의 앞선 학문과 고대 그리스의 문화에 눈을 떴지. 15세기 중반에 비잔티움 제국이 무너져서 비잔티움의 학자와 예술가들이 지중해 여러 도시로 흩어진 뒤로는 고대 그리스 문화에 대한 관심이 더욱 커졌어.

그러면서 모든 것을 종교적으로 바라보던 유럽 사람들의 시각이 조금씩 바뀌기 시작했지. 그 이전까지 서유럽 사람들은 대부분 신이 인간과 세상을 창조했고, 신이 정한 뜻에 따라 사는 것이 최선의 삶이라고 생각했어. 그래서 신이 만든 세상에 대해 의문을 품거나, 개인의 욕망을 추구하는 것은 옳지 않다고 여겼지. 그런데 차츰 개인의 욕망을 인정하려는 생각이 번지기 시작했어.

그리고 이탈리아의 교역 도시를 중심으로 이런 생각에 바탕을 새로운 문화가 먼저 싹텄지. 지중해 교역의 중심지였던 베네치아, 제노바, 밀라노, 피렌체 같은 도시들은 당시 유럽에서 가장 풍요로운 곳이었어. 이곳 사람들은 교역으로 부를 쌓은 뒤, 교황이나 황제, 영주의 지배와 간섭에 맞서 싸우거

단테가 지은 『신곡』의 내용을 그린 그림이다. 단테가 『신곡』의 주인공인 베르길리우스와 지하 세계를 지나가는 모습이다.

나 돈으로 도시의 자유와 자치권을 지켜 왔어. 그 덕분에 이들 도시에는 자신감과 자유로움이 넘쳐 났지. 또 도시들 사이에 경쟁이 치열해서, 권위나 전통에 매달리기보다는 변화에 열린 자세를 취했어.

이 도시들은 대부분 부유한 상인이 다스렸어. 이들은 경쟁적으로 예술가들을 후원했으며, 때로는 예술품을 비싼 값에 사들여 전시하면서 부를 뽐냈지. 덕분에 재능 있는 예술가들은 생활비 걱정 없이 작품 활동에 온 힘을 쏟을 수 있었어. 이런 까닭에 예술가들은 후원자를 찾아 이들 도시로 몰려들었고, 피렌체, 베네치아 등은 문화와 학문의 중심지로 자리를 굳혀 갔어. 그리고 마침내 르네상스가 시작되었단다.

이탈리아 르네상스를 대표하는 문학가로는 단테, 페트라르카, 보카치오 등을 꼽을 수 있어. 단테의 대표작인 『신곡』은, 고대 로마의 시인인 베르길리우스가 연

인인 베아트리체의 안내를 받아 저승을 여행하는 내용이야. 단테는 이 작품에서 인간의 생각과 느낌, 고민을 아주 생생하게 묘사했지. 한편, 페트라르카에게는 '최초의 근대인' 이라는 수식어가 따라다닌단다. 그는 인간의 정서를 진솔하게 표현하고, 남녀 사이의 사랑을 찬양하는 시를 발표했어. 페트라르카의 제자인 보카치오도 빼놓을 수 없단다. 보카치오는 『데카메론』이라는 작품에서 이전에는 감히 상상조차

르네상스 시대 이탈리아의 화실 모습이다. 유명한 화가의 화실에는 젊은 화가들이 모여 스승에게 그림을 배우고, 새로운 미술 기법에 대한 정보를 나누기도 했다.

못했던 남녀의 사랑, 사람들의 감정을 솔직하게 표현했어. 그러는 한편 당시 상류층을 향한 비판도 담았단다.

르네상스의 열매는 특히 미술에서 풍성하게 열렸어. 그 가운데 레오나르도 다빈치와 미켈란젤로의 재능은 누구보다 뛰어났단다.

다빈치는 「모나리자」와 「최후의 만찬」 같은 대표작을 남겼어. 이 작품들은 인간에 대한 진지한 관심, 세밀한 관찰, 깊은 심리적 통찰 등이 어우러져 완성된 걸작이야. 이를 위해 다빈치는 자연스럽게 사람들을 바라보고, 정해진 틀에서 벗어난 그림을 그리기 위해 많은 노력을 기울였단다.

다빈치는 그림에만 재능이 뛰어난 것이 아니었어. 그가 남긴 수첩에는 비행기, 잠수함, 건축, 도시 설계도 따위가 자세히 그려져 있어. 다빈치의 호기심은 끝이 없어서, 인체 해부학에도 꽤 깊은 지식을 쌓았단다. 알고 싶은 욕망을 억누르지 않고 끝없이 탐구한 다빈치야말로 르네상스 정신을 가장 잘 대표하는 인물이라고 할 수 있지.

다빈치보다 23년 늦게 태어난 미켈란젤로는

레오나르도 다빈치가 만든 배의 모형이다. 다빈치는 그림뿐만 아니라 배, 비행기 등 거의 모든 분야에 관심을 보였다.

미켈란젤로의 초상화이다. 미켈란젤로는 레오나르도 다빈치와 함께 이탈리아 르네상스를 대표하는 예술가이다.

고대 그리스의 조각가들처럼 사실적이고 힘찬 조각상을 만든 것으로 유명해. 그 중에 피렌체 성당에 있는 「피에타」는 십자가에 매달려 죽은 예수를 안고 있는 제자들의 모습을 표현했어. 죽은 예수의 모습도 대단히 사실적이지만, 더 시선을 사로잡는 것은 슬픔에 젖은 제자의 생생한 표정이야.

「피에타」를 만들고 나서 미켈란젤로는 또 하나의 걸작을 세상에 내놓았어. 바로 높이가 5.5미터에 달하는 「다비드 상」이야. 이 작품에 나타난 다비드는 고대 그리스의 조각처럼 알몸이야. 정교하게 표현한 젊은 남자의 알몸 조각은 '영웅적인 육체가 영웅적인 정신을 담는 그릇'이라고 생각하던 피렌체 사람들의 욕구를 채워 주기에 충분했을 거야.

르네상스가 전 유럽으로 퍼지다

이탈리아에서 싹튼 르네상스는 15세기 말부터 유럽 전역으로 퍼져 나갔어. 르네상스를 이탈리아 밖으로 옮긴 이들은 상인, 외교관, 병사 들이었지. 그리고 때마침 독일에서 구텐베르크가 활판 인쇄술을 개발해서 르네상스의 정신과 사상이 담긴 책을 많이 인쇄할 수 있었어. 그 덕분에 르네상스는 매우 빠른 속도로 퍼져 갔지.

이탈리아 반도의 북쪽에는 알프스 산맥이 자리 잡고 있는데, 르네상스는 알프스 너머로까지 번졌단다. 그런데 알프스 북쪽에서 일어난 르네상스는 이탈리아 도시의 르네상스와는 성격이

1. 레오나르도 다빈치의 「모나리자」이다. 그림 속 여인의 미소는 세계적으로 유명하다. 2. 브뤼헐의 「농부의 결혼식」이다. 농민들의 생활 모습이 실감나게 그려져 있다. 3. 보티첼리의 「비너스의 탄생」이다. 바다의 거품에서 태어난 비너스를 신들이 맞이하고 있다. 4. 미켈란젤로의 「피에타」이다. 슬픔에 젖어 죽은 예수를 안고 있는 제자들의 모습을 새겼다. 미켈란젤로가 만든 여러 「피에타」 가운데 하나로, 피렌체 성당에 있다.

달랐어. 그 가운데에서도 가장 큰 특징은 윤리적이고 종교적인 성격이 강했다는 거야. 무엇이 알프스 남쪽과 북쪽의 르네상스가 다른 모습을 띠게 만들었을까?

알프스 북쪽 지역은 여러 가지 점에서 이탈리아와 달랐어. 이 지역에서는 교황과 교회의 힘이 여전히 막강했고, 이탈리아 도시들에 비해 봉건 질서도 강하게 남아 있었지. 그래서 이 지역 사람들은 윤리와 종교를 중요시하는 바탕 위에서 르네상스 정신을 받아들였어.

15세기 무렵, 알프스 북쪽 지역에서 일어난 르네상스를 대표하는 사람으로는 에라스뮈스와 토머스 모어를 꼽을 수 있어. 네덜란드 출신의 에라스뮈스는 젊은 시절에 신학을 공부했어. 하지만 활기차고 비판적인 성격이었던 에라스뮈스는 틀에 박힌 신학 교육을 견디지 못했어. 그는 신학 공부를 도중에 그만두고, 고대 그리스의 철학과 고전에 빠져 들었어. 그 뒤 에라스뮈스는 평생 고대 그리스 학문을 다시 일으키는 데에 온 힘을 기울였단다.

에라스뮈스는 『우신예찬』이라는 책에서 당시 교회와 성직자의 타락을 비판했단다. 이 책은 많은 지식인들에게 큰 영향을 끼쳤지. 그렇다고 해서 에라스뮈스가 크리스트 교 자체를 부정한 것은 아냐. 그는 크리스트 교 자체는 문제가 없으며, 사람들이 소박한 마음으로 신의 뜻을 제대로 실천하는 것이 중요하다고 주장했어.

한편, 토머스 모어는 영국의 대법관으로, 에라스뮈스와 교류하던 인물이야. 모어의 대표작은 『유토피아』*란다. 이 책에서 토머스 모어는 모든 사람이 재산을 함께 소유하고, 남녀가 평등하

유토피아*
그리스 어의 ou(없다), topos(장소)를 합친 말로 '어디에도 없는 장소'라는 뜻이다. 영국의 사상가 토머스 모어가 1516년에 라틴 어로 쓴 책의 제목이다. 유토피아는 현실에는 결코 존재하지 않는 이상적인 사회인데 그 의도는 이상적인 사회와 비교해서 현실을 비판하려는 것이다.

게 교육을 받으며, 종교의 자유가 허락되는 이상 세계를 그렸단다. 이 내용은 빈부의 차와 남녀 차별이 심하고, 종교의 자유가 없던 당시의 영국을 풍자한 거야.

이와 같이 에라스뮈스와 토머스 모어와 같은 학자들은 오랫동안 종교의 틀 안에 갇혀 살아온 사람들을 일깨웠어.

"신의 뜻에 따라 주어진 운명에 순종하며 사는 것만이 최선은 아니다."

이런 의문을 품는 사람들이 점점 늘었어. 그런가 하면 세상을 좀 더 비판적인 눈으로 바라보고, 여태껏 지녀 온 사고의 틀을 바꾸기 시작했지.

"내 욕심을 채우려고 경쟁하는 게 무조건 나쁜 건 아닌 것 같아. 나의 욕망을 긍정하는 것도 바람직한 것 아닐까?"

오랫동안 교회의 권위 아래 억눌려 있던 자연스러운 인간성을 되찾으려는 움직임이 일어난 거란다. 이를 가리켜 휴머니즘이라고 하는데, 이 말은 '더 인간답다.'는 뜻의 라틴 어에서 나온 말이야. 이처럼 르네상스 정신은 비판과 자유로운 상상력이라고 간추릴 수 있겠구나. 또한 사람들의 일상생활은 물론, 학문과 기술의 발달에도 큰 영향을 끼쳤다고 할 수 있어.

| 코페르니쿠스가 지동설을 주장하다 |

여태껏 지녀 온 사고의 틀을 완전히 뒤집는 일을 가리켜 사람들은 '코페르니쿠스적 발상'이라고 부른단다. 도대체 코페르니쿠스가 어떤 발상을 했기에 오랜 세월 동안 사람들의 입에 오르내릴까? 코페르니쿠스는 이렇게 말했어.

"지구가 태양 주위를 돈다."

누구나 아는 것인데, 뭐 그리 대단한 발상이냐고? 맞아, 만약 지금 누군가가 지구가 태양 주위를 돌고 있다는 사실을 부정한다면 이상한 사람 취급을 당할 거야.

코페르니쿠스의 지동설을 설명한 그림이다. 지구가 태양 주위를 돈다는 지동설은 유럽 사람들에게 큰 충격을 주었다.

하지만 코페르니쿠스 이전까지는 완전히 반대였어. 당시 사람들은 지구는 멈추어 있고 하늘의 태양이나 달, 혹은 천체가 지구를 중심으로 뱅뱅 돈다고 생각했단다. 태양, 달, 별 들이 동쪽에서 서쪽으로 움직이는 것처럼 보이는 것이 사실이잖니. 그러니 그렇게 생각했을 법도 하지.

게다가 크리스트 교적 세계관이 지배하던 중세에 지구가 움직인다는 지동설을 주장하

코페르니쿠스의 초상화이다. 코페르니쿠스는 별들의 움직임을 이치에 맞게 과학적으로 밝힌 유럽의 과학자이다.

는 것은 위험한 일이었어. 왜냐하면 수백 년 전부터 교회는 이렇게 가르쳐 왔거든.

"신의 창조물 가운데 인간이 가장 훌륭한 존재이다. 그리고 인간이 사는 지구가 우주의 중심이다."

더구나 중세 크리스트 교의 성직자들은 대단히 권위적이고, 사고가 굳어 있었어. 그래서 만약 누군가 지구가 움직인다고 주장하면, 신의 절대적인 힘을 부정하는 위험한 생각이라며 펄쩍 뛰었지. 따라서 "지구가 태양 주위를 돈다."는 코페르니쿠스의 생각은 당시의 상식과 종교에 도전하는 대단한 것이었어.

지구가 태양을 돈다는 주장을 한 것이 코페르니쿠스가 처음은 아니야. 고대 그리스 철학자들 가운데에도 같은 주장을 한 이들이 있었지. 그런데도 왜 사람들은 지동설을 코페르니쿠스의 공으로 돌릴까? 그것은 그 이전 사람들은 추측을 했을 뿐이지만, 코페르니쿠스는 과학적인 근거들을 통해 자기 주장을 내세웠기 때문이야.

코페르니쿠스는 지동설에 대한 내용을 『천체의 회전에 관하여』라는 책에 기록해 놓았어. 코페르니쿠스의 위대한 점은 바로 모든 생각의 가능성을 짜임새 있고 합리적으로 정리해서 사람들을 설득했다는 점이야. 그랬기 때문에 현대 물리학의 기초를 닦은 케플러, 갈릴레오부터 뉴턴에 이르기까지 모두 코페르니쿠스의 영향을 직접적으로 받았단다.

그럼, 코페르니쿠스는 어떻게 해서 대단한 발상의 전환을 할 수 있었을까?

코페르니쿠스의 삶에 결정적 전환점이 된 것은 1496년에 이탈리아의 볼로냐 대학에 입학한 일이었어. 코페르니쿠스는 원래 법률을 공부하려고 입학했지만 법률 공부는 뒷전으로 밀어 두었어. 그 대신 그리스 어를 익히는 한편, 고대 그리스 학자들의 책을 탐독했지. 그러면서 깨달은 바가 있었단다.

"아리스토텔레스가 유일한 철학자가 아니로구나! 아리스토텔레스는 여러 철학자 가운데 한 명일 뿐이었어!"

매우 당연한 이 사실을 깨달은 뒤로 코페르니쿠스는 철학자의 절대적인 권위,

즉 아리스토텔레스의 사상으로부터 자유로워졌어. 이것은 곧 새로운 생각의 씨앗이 되었어.

볼로냐는 코페르니쿠스를 철저한 르네상스 인으로 변화시켜 주기에 매우 적절한 곳이었어. 이탈리아의 다른 지역처럼 볼로냐에는 비잔티움에서 건너온 고대 그리스·로마의 문헌이 풍부했어. 때마침 등장한 인쇄기는 고전 문헌을 널리 퍼뜨리는 데 큰 도움이 되었지.

특히 볼로냐 대학은 당시 천문학으로 유명해서, 코페르니쿠스는 유명한 천문학자 도메니코의 조수로 일하면서 많은 경험을 쌓아 갔어. 이처럼 이탈리아의 르네상스 분위기 속에서 코페르니쿠스는 절대적 권위에서 벗어날 수 있는 용기를 얻었어. 그리고 지동설을 주장할 수 있는 과학 지식을 쌓을 수 있었어.

코페르니쿠스는 죽기 직전에야 『천체의 회전에 관하여』를 세상에 내놓았어. 처음 이 책이 출간되었을 때는 반향이 그다지 크지 않았어. 하지만 교황과 교회는 그 내용이 폭발적일 만큼 위험하다는 것을 알아채고는 1616년부터 그의 이론에 규제를 가했어.

그러나 시간이 흐를수록 코페르니쿠스의 주장을 지지하는 사람이 점차 늘어 갔어. 지동설을 바탕으로 해야 태양, 달, 별들의 움직임을 제대로 설명할 수 있다고 주장하는 과학자도 점점 많아졌지. 코페르니쿠스가 죽은 지 21년 뒤에 태어난 갈릴레오 갈릴레이도 그 가운데 한 사람이야.

오늘날에는 코페르니쿠스를 '천문학의 아버지'라고 부른다. 코페르니쿠스가 행성과 항성의 움직임을 이치에 맞게 설명한 최초의 인물이기 때문이지.

클릭! 역사 속으로
천문학의 역사를 다시 쓴 코페르니쿠스

1500년 11월 6일 밤, 축제를 마친 로마 시내는 고요했고 둥근 달이 거리를 비추었어. 그때 로마의 한 높은 건물 옥상에서 누군가 움직이고 있었어. 그 사람은 긴 막대기를 세우고 그 위에 다시 짧은 막대기를 가로로 걸쳐 놓았어. 그러고는 그 막대기를 잡고 이 별 저 별을 천천히, 그리고 자세히 들여다보았어. 그런데 갑자기 달 한쪽이 검게 변하기 시작하는 거야. 그 사람은 낮게 중얼거렸어.

"월식이 일어났네. 월식을 구경할 수 있다니 운이 좋군."

월식은 지구가 달 앞을 가로막아 달에 지구의 그림자가 비치는 현상이야. 그 사람은 다시 중얼거렸어.

"역시, 하늘의 별을 관찰하고 측정하는 일은 정말 재미있어. 평생 이 일을 해야겠어."

이 사람이 뒷날 지구가 태양 주위를 돈다고 주장한 코페르니쿠스야.

코페르니쿠스가 살던 때 하늘을 관측하는 도구는 별로 발달하지 못했어. 직각기라고 부르는 막대기 두 개와 이슬람에서 들여온 아스트롤라베 같은 기구뿐이었지. 망원경도 없었어. 하지만 코페르니쿠스는 이런 기구로 별의 거리를 재곤 했어. 그럼에도 오늘날 잰 것과 꽤 비슷한 수치를 얻었단다.

형편없는 기구보다 더 큰 문제는 바로 천문학이었어. 1,400년 전 사람들이 세운 천문학을 이때에도 비판 없이 배우고 있었어. 그래서 사람들은 우주의 중심은 지구이고 태양을 비롯한 모든 별이 지구 주위를 돈다고 믿었어.

코페르니쿠스는 혼자 30년 동안이나 열심히 별들을 관찰해서 『천체의 회전에 관하여』라는 책을 썼어. 이 책에는 지구가 태양을 돈다는 주장이 담겨 있어. 이 주장은 당시 사람들이 받아들이기 어려운 엄청난 것이었지.

뒷날 이 사실은 맞는 것으로 밝혀졌고, 코페르니쿠스는 천문학의 역사를 다시 쓴 훌륭한 학자로 자리매김 되었단다.

낡고 부패한 교회에 맞선 종교 개혁

기나긴 잠을 자고 있던 중세 유럽을 흔들어 깨운 두 가지 사건이 있었어. 하나는 앞에서 살펴본 르네상스이고, 다른 하나는 종교 개혁 운동이야.

종교 개혁 운동은 유럽 사람들의 생각과 생활을 지배하던 크리스트 교회와 교황의 부정과 부패에 저항하고, 『성경』의 가르침에 좀 더 충실하려는 노력이었어. 종교 개혁 운동은 면벌부를 파는 교회에 대한 루터의 비판에서 출발해, 점차 유럽을 옭아매고 있던 낡은 질서에서 벗어나려는 움직임으로 발전했지. 종교 개혁 운동의 과정을 함께 알아보자꾸나.

교회의 부패를 비판하는 목소리가 높아지다

성지 탈환을 목표로 일어난 십자군 전쟁은 유럽 사람들의 신앙심을 부추겼단다. 하지만 200년 넘게 이어진 십자군 전쟁은 결국 실패로 끝났어. 그러자 유럽 사람들은 교황과 교회를 의심하거나 불만스럽게 바라보기 시작했어.

그에 따라 한때 황제보다 강했던 교황의 힘은 점점 기울었고, 그 틈을 타서 유럽의 왕들은 세력을 키우기 위해 노력했어. 그러던 가운데 14세기 초에는 프랑스 왕이 교황을 자신의 영토인 아비뇽으로 데려와 자기 보호 아래 두는 일까지 생겼어. 그러자 왕의 권위는 올라가고 교황의 권위는 땅으로 떨어졌지.

면벌부이다. 면벌부는 교회가 신자가 저지른 죄에 대한 벌을 없애 주는 대가로 기부를 받고 교황의 이름으로 발행한 증명서이다.

교황의 권위가 떨어진 데에는 14세기 중반에 유럽을 휩쓴 흑사병도 한몫했단다. 흑사병으로 수백만 명이 죽어 가자, 사람들은 이렇게 생각했어.

'신이 우리를 벌주시려고 흑사병을 보내신 거야!'

그러는 중에 사람들 마음속에 품고 있던 교황과 교회에 대한 믿음도 크게 무너져 갔어. 아무리 열심히 교황과 교회의 말을 따르고, 살려 달라고 빌어도 목숨을 구할 수 없다는 것을 깨달았기 때문이지.

이처럼 세상이 어지러운 가운데, 온갖 이상한 소문들이 나돌면서 유럽 사람들은 더욱 깊은 혼란에 빠져 들었어.

"세상이 너무 타락해 아무도 천당에 갈 수 없게 되었다는군!"

"인류의 종말이 다가왔다!"

겁에 질린 유럽 사람들은 죄를 용서받고 마음의 안정을 찾기 위해 성인과 성모에게 매달렸어. 이와 더불어 사람들은 두 가지 사항을 꼭 지켰다고 해. 하나는 유

15세기 중반, 교황 니콜라우스 5세의 모습이다. 니콜라우스 5세는 부서진 베드로 교회를 수리하는 데 드는 돈을 마련하기 위해 면벌부를 마구 발행해 많은 비판을 받았다.

언장에 자선 기부금을 많이 적는 것이었고, 다른 하나는 면벌부를 구입하는 것이었어.

면벌부란, 죄를 없애 벌을 면해 주는 대가로 교회가 돈을 받고 주는 증명서를 말해. 신학자들은 예수와 성인들이 쌓아 놓은 큰 덕의 일부를 교황이 떼어 내, 이를 일반 신도의 죄를 없애 주

인쇄물을 읽는 유럽 사람들의 모습이다. 구텐베르크가 금속 활자 인쇄술을 발전시킨 덕분에 르네상스와 종교 개혁 같은 새로운 문화와 사상이 유럽에 빠르게 퍼질 수 있었다.

고 벌을 면제해 주는 데 사용할 수 있다고 주장했어. 이 주장을 바탕으로 면벌부가 등장한 거야.

면벌부는 처음에는 십자군 전쟁에 참가한 병사나, 전쟁 비용을 낸 상인들에게 보상으로 발급해 주었기 때문에 큰 문제가 없었어. 하지만 교황은 십자군 전쟁이 끝난 뒤에도 면벌부를 발급해서 돈을 모았어. 예를 들어, 1517년에 교황 레오 10세는 로마에 성 베드로 대성당을 지으려고 계획하고, 그 건축비를 마련하려고 면벌부를 대량으로 판매했어. 심지어는 면벌부 판매인들을 곳곳으로 보내 사람들의 죄의식을 부추겨 불안하게 만든 뒤 억지로 면벌부를 팔기도 했단다.

면벌부 장사는 특히 독일에서 심했어. 당시 영국과 프랑스는 왕의 힘이 강해서, 교황도 이들 나라에서는 함부로 면벌부를 팔지 못했어. 하지만 독일은 크고 작은 여러 나라로 나뉘어 힘이 약했기 때문에, 교황은 독일 사람들을 상대로 면벌부 장사를 해서 많은 돈을 긁어모았단다. 농민, 영주 할 것 없이 면벌부를 마구 파는 교황과 교회에 대해 불만이 쌓여 갔어. 그런데 옛날과 달라진 점은, 사람들이 불만을 삭이는 대신 터뜨렸다는 거야.

무엇이 사람들을 변화시켰을까? 그 한 가지는 인쇄술의 발달로 『성경』이 널리 보급되었다는 점이야. 그 이전까지는 수도사들이 손으로 양피지에 직접 글씨를 써서 책을 만들었지. 책한 권을 만드는 데 1년쯤 걸리는 것은 보통이었고, 아무나 책을 갖거나 읽을 수 없었어. 하지만 인쇄술이 발달하면서 책값이 점점 내렸고, 무엇보다 모국어로 인쇄된 『성경』을 가질 수 있게 되었어. 그때부터 많은 사람이 『성경』을 직접 읽기 시작했단다.

또 한 가지, 르네상스의 영향으로 사람들의 생각이 바뀌어 갔어. 르네상스 정신의 특징은 바로 비판 정신이야. 미술에 자기 나름의 견해를 가지려고 했던 것처럼, 천체의 움직임을 두고 자기 나름의 해석을 하려고 했던 것처럼, 사람들은 신에 대해서도 나름의 견해를 펼치기 시작했어. 그에 따라 현실에 대한 비판 의식은 자라고, 성직자에 의존하려는 마음은 줄었지.

| 루터가 종교 개혁의 물꼬를 트다 |

1517년 10월 31일, 독일의 한 교회 정문에 종이가 나붙었어. 마르틴 루터라는 젊은 신학자가 쓴 글로, 로마 교황청에서 돈을 받고 파는 면벌부가 왜 잘못된 것인지 95가지 이유를 대며 설명했단다. 루터는 이 문서에서 이렇게 말했어.

"교회가 신자들에게 그릇된 것을 믿으라고 가르치고 있다. 교회는 신이 원하는 것이 무엇인지 모른다."

"누구든 진심으로 자기의 죄를 고백하고 뉘우치는 크리스트 교도라면 면벌부가 없어도 형벌과 죄책에서 완전히 용서를 받는다."

이 문서는 큰 파장을 몰고 왔어. 교황과 교회의 권위가 예전

마르틴 루터가 교회의 문에 95개조 반박문을 거는 장면을 그린 기록화이다. 마르틴 루터는 독일의 비텐베르크 대학에서 신학을 가르쳤는데, 교회의 타락과 면벌부 판매가 잘못되었다는 것을 조목조목 비판해 종교 개혁의 불을 지폈다.

에 비해 많이 약해진 것은 사실이지만, 여전히 교황은 신의 말씀을 인간에게 전하는 자로, 절대 실수를 저지르지 않는다는 믿음이 널리 퍼져 있었거든. 교황과 교회를 향해 비판을 퍼붓는 것은 감히 상상하기도 힘든 일이었지.

　루터는 95개조 반박문을 라틴 어로 썼는데, 이 글은 곧 독일어로 번역되었고, 수천 장씩 인쇄되어 곳곳으로 퍼져 나갔어. 독일 전역에서 루터가 발표한 95개조 반박문을 둘러싸고 토론이 벌어졌어. 종교 개혁 운동의 싹이 튼 거야. 만약 인쇄술이 발달하지 않았다면 루터의 주장은 크게 퍼지지 못하고 곧 묻혀 버렸을지도 몰라. 인쇄술이 종교 개혁 운동에 날개를 달아 준 셈이란다.

　그렇지만 루터는 반박문 때문에 교황의 노여움을 사, 결국 교회에서 파문을 당했어. 당시 교회법에 따르면, 파문 당한 사람을 때리거나 죽이더라도 가해자는 처벌을 받지 않았단다. 이처럼 교회에서 파문을 당한다는 것은 무방비 상태에 놓인다는 것을 뜻했어.

루터 역시 파문을 당한 뒤 살해 위협에 시달렸어. 하지만 당시 교황의 지나친 간섭에서 벗어나려는 독일 영주들이 루터를 지지하고 보호해 준 덕분에 살해 위협에서 벗어날 수 있었지. 루터는 10여 년 동안 한 영주의 성에 피신해 있었어. 그러는 동안에도 루터는 종교 개혁의 움직임을 멈추지 않았어.

"사람들이 스스로 『성경』을 읽으면 성직자들의 도움을 받지 않고도 신의 말씀을 알 수 있을 거야. 그러면 성직자들에게 의존하지 않아도 돼."

이러한 생각에서 루터는 『성경』을 독일어로 번역했단다. 그런가 하면 성모와 성인 숭배에 대해서도 의견을 내놓았어.

"성모 숭배와 성인 숭배는 미신적인 행위이다. 미사도 금지해야 한다."

시간이 지날수록 루터를 지지하는 사람들이 늘어났어. 그와 함께 교회의 개혁을 요구하는 목소리는 더욱 거세졌지.

루터의 주장이 널리 퍼질 수 있었던 것은 르네상스 정신이 당시 유럽 사회를 휩쓸고 있었기 때문이야. "인간은 누구나 스스로 성직자가 될 수 있다."는 루터의 외침은 개인의 자유로운 의지를 중요시하는 르네상스 정신과 연결된단다.

그리고 당시 독일의 제후들은 신성 로마 제국의 황제인 카를 5세*와 맞서고 있었는데, 이것도 루터의 종교 개혁 운동에 힘을 보탰어. 이때 교황은 카를 5세를 강력하게 지지해서, 독일 제후들과는 사이가 좋지 않았어. 이런 상황 속에서 독일 제후들은 종교 개혁 운동이 성공하면 교황의 힘이 약해질 것이라고 기대한 거지.

카를 5세*
1516년부터 에스파냐를 다스렸다. 그리고 1519년부터 신성 로마 제국 황제가 되었다. 보통 카를 5세로 부르지만, 에스파냐에서는 카를로스 1세라고 부른다. 그는 유럽의 에스파냐와 신성 로마 제국의 땅, 아메리카 대륙의 식민지와 필리핀 제도의 카스티야 식민지까지 포함한 넓은 영토를 다스렸다.

루터를 지지하는 사람들은 기존의 크리스트 교 예배 절차를 뜯어고쳐서 새로운 예배 의식을 만들었어. 이제 라틴 어가 아닌 독일어로 예배를 진행했고, 루터가 번역한 독일어 『성경』을 읽고, 독일어로 찬송가를 불렀어.

이들은 스스로를 '항의하는 사람들'이라는 뜻에서 프로테스탄트라고 부르며, 교황 측이 탄압해도 꿋꿋하게 맞섰어. 프로테스탄트를 신교, 원래의 크리스트 교를 로마 가톨릭 혹은 구교라고 부른단다. 신교와 로마 가톨릭 세력은 서로 "우리야말로 신의 가르침을 진정하게 실천한다."고 주장하며 싸웠어. 그리고 시간이 지날수록 독일의 크리스트 교 세계와 교회는 둘로 뚜렷하게 갈라졌지.

| 종교 개혁의 물결이 전 유럽을 뒤덮다 |

루터가 물꼬를 튼 종교 개혁 운동은 독일 밖으로 번져서 유럽 전 지역으로 퍼져 나갔어. 게다가 시간이 지날수록 더욱 강력한 개혁을 주장하는 사람들이 나타났단다. 대표적인 인물로는 종교 개혁과 사회 개혁을 함께 주장한 토마스 뮌처, 스위스 종교 개혁의 불씨를 당긴 츠빙글리, 예정설을 주장한 칼뱅 등이 있어.

뮌처는 독일 사람으로, 루터와 같은 시대에 살면서 루터에게 큰 영향을 받았어. 하지만 시간이 흐르자 루터보다 더욱 철저한 수준의 종교 개혁과 사회 개혁을 주장했어.

그는 신에 대한 순수한 믿음만 있으면 『성경』을 읽을 필요도 없다고 주장했어. 그렇기 때문에 "모든 진리가 『성경』에 있기 때문에 『성경』에 충실해야 한다."고 주장한 루터조차 비판했어. 또 이런 주장도 했단다.

"왕, 제후, 농민들 사이에 차별이 없는 평등한 신의 나라를 죽은 다음의 천국이 아닌 현실 사회에 세워야 한다."

농민들은 뮌처의 주장에 큰 지지를 보냈어. 당시 농민들은 교황뿐만 아니라 왕이나 제후들에게 무거운 세금을 내야 했으며, 부당한 차별에 시달렸거든. 수많은 농민이 뮌처의 주변으로 몰려들었어. 뮌처는 농민들과 함께 '민주적인 교회 운영, 농노제 폐지, 부당한 세금과 노동 금지' 등을 내걸고 봉기를 일으켰어. 1525년에 시작된 농민 봉기는 순식간에 독일 전역을 휩쓸었단다.

농민들의 거센 기세에 놀란 독일의 제후들은 연합군을 만들어 진압에 나섰어. 이때 루터는 농민들에게 등을 돌리고 제후들을 지지했단다. 하지만 뮌처는 끝까지 농민들과 함께했으며, 제후들의 연합군과 맞서 싸우다가 죽임을 당했어.

한편, 스위스에서도 종교 개혁의 물결이 거세게 일어났어. 스위스 취리히의 성직자, 츠빙글리는 에라스뮈스와 루터의 영향을 받아 종교 개혁을 외치기 시작했어. 그 역시 루터처럼 『성경』만이 유일한 신앙의 기준이라고 주장하며, 종교 개혁을 반대하는 스위스의 교황 지지 세력과 전투까지 벌였단다. 그렇지만 힘이 부족해 밀리다가 1531년에 벌어진 전투에서 숨졌어.

츠빙글리가 죽은 뒤, 칼뱅이 뒤를 이어 스위스 종교 개혁 운동을 이끌었어. 칼뱅은 교회의 의식을 간단하게 만드는 한편, 장로 제도를 도입해서 신도들이 자율적으로 교회를 운영하도록 했어. 또 근면, 정직, 절약과 같은 미덕을 강조하고, 크리스트 교도 대표들이 정치를 이끌어야 한다고 주장했어. 칼뱅은 이런 주장도 했어.

"인간 영혼의 구원은 신에 의해 이미 결정되어 있다. 그러므로 구원에 대한 믿음을 잃지 않고 양심을 확인하면서 각자의 직업에 최선을 다하는 것이 중요하다."

이와 같은 주장을 예정설이라고 불러. 예정설은 당시 스위스의 상인, 수공업자들에게 열렬한 환영을 받았어. 왜냐하면 칼뱅의 주장에 따르면, 돈을 버는 일이 부끄러운 일이 아니며, 오히려 신을 믿고 열심히 살았다는 증거가 되기 때문이지. 이런 이유로 칼뱅의

아래쪽은 루터와 그의 영향을 받은 독일의 종교 개혁자들 모습을 그린 기록화이다. 토마스 뮌처, 츠빙글리, 칼뱅 역시 루터의 종교 개혁 주장에 영향을 받아 종교 개혁의 목소리를 높였다. 오른쪽은 스위스의 종교 개혁가인 칼뱅의 초상화이다. 칼뱅은 예정설을 주장해 부유한 상인들의 지지를 받았다.

바르톨로뮤의 대학살 모습을 그린 기록화이다. 바르톨로뮤의 대학살은 프랑스의 가톨릭 세력이 신교도인 위그노를 대량 학살한 사건이다. 16세기 중반, 유럽은 가톨릭 세력과 신교도 세력 사이에 종교 전쟁이 벌어져 많은 사람들이 죽거나 다쳤다.

사상은 스위스처럼 일찍부터 상공업이 발달해 상인과 수공업자가 많은 네덜란드로 빠르게 퍼졌어.

시간이 흐르면서 칼뱅의 주장은 영국, 프랑스에까지 널리 퍼졌어. 영국의 청교도, 스코틀랜드의 장로교, 프랑스의 위그노 등 프로테스탄트 세력이 모두 칼뱅파에서 갈라진 것이란다.

이처럼 종교 개혁을 지지하는 사람들의 수가 갈수록 늘어나자, 로마 교황도 더는 버티지 못하고 프로테스탄트 세력과 타협에 나섰지. 그리고 1555년에 아우크스부르크에서 회의를 열고, 독일에서 로마 가톨릭뿐만 아니라 루터파도 인정한다는 협정을 맺었어. 이렇게 해서 루터가 종교 개혁의 깃발을 든 지 30여 년이 흐른 뒤, 드디어 루터의 주장이 공식적으로 인정을 받게 되었어.

하지만 이것은 또 다른 갈등과 비극의 출발에 불과했어. 그 뒤로 유럽에서는 더욱 격렬하고 잔인한 종교 전쟁이 몰아쳤거든. 그 이야기는 뒤에서 좀 더 자세히 알려 줄게.

클릭! 역사 속으로
종교 개혁 깃발을 높이 든 마르틴 루터

1505년, 독일의 한 수도원에 한 청년이 찾아왔어. 이 청년은 수사가 되고 싶다고 했어. 몹시 진지했고 열심이었던 이 청년은 수사가 되어 하루 여덟 번이나 되는 기도 시간에 한 번도 빠지는 일이 없었어. 또 오로지 신만 생각하며 물 한 방울, 음식 한 조각 입에 대지 않고 사흘 동안 기도만 드리기도 했어. 스스로 죄를 지었다고 여길 때에는 채찍으로 자기 등을 때리기도 했어.

이렇게 크리스트 교 수사가 되어서 신을 두려워하고 죄를 짓지 않으려 한 청년은 바로 마르틴 루터였어.

『성경』을 열심히 공부하던 루터는 어느 날 이런 생각을 했어.

'어쩌면 창조주는 그렇게 무서운 분이 아닐지도 몰라. 사람들이 지은 죄를 용서하는 자비로운 분일 거야. 다만 성직자들이 사람들에게 그렇게 말하고 겁을 주어 그렇게 생각하는 것일 뿐이지.'

그 뒤 루터는 마음이 훨씬 가벼워졌어. 신이 사람들을 사랑하니 기도하고 죄를 뉘우치면 용서를 받을 수 있다고 여겼지. 그러고 보니 성직자들이 잘못하는 점이 차츰 눈에 띄었어. 면벌부만 사면 천국에 갈 수 있다면서 비싸게 면벌부를 팔고, 어떤 성직자는 몰래 애인을 두고, 자식까지 낳았지.

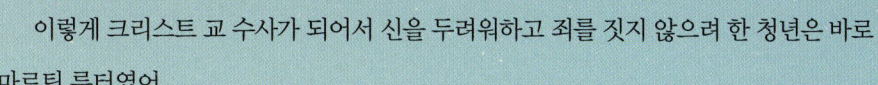

루터는 교회가 바뀌어야 한다는 생각을 키워 갔어. 그래서 교회의 잘못을 조목조목 짚은 95개조 반박문을 썼던 거고.

이 반박문은 마침 발달한 인쇄술 덕분에 여러 곳으로 퍼져 나가 사람들이 읽게 되었어. 많은 유럽 사람이 루터와 뜻을 같이했어.

루터가 일으킨 종교 개혁의 움직임은 자꾸 커졌어. 결국 크리스트 교는 둘로 나뉘고 말았어. 이전의 입장을 따르는 가톨릭과 새로운 입장을 세운 개신교로 말이야.

종교 개혁이 일어난 뒤 사람들은 세계를 다르게 보기 시작했어. 더 꼼꼼히, 이성적으로 맞는 일과 틀린 일을 따져 보았지. 비로소 근대가 열린 거란다.

사는 방식이 다르면 생각도 달라요

14세기~17세기에 세계 여러 나라는 경제를 발전시켜 나라의 힘을 기르기 위해 많은 노력을 기울였어. 하지만 나라들마다 적극적으로 장려하는 산업이 달랐단다. 어떤 나라는 농업을 나라 경제의 중심으로 삼았어. 대체로 농사짓기에 좋은 기후를 갖추고, 많은 사람들이 농사를 지을 수 있는 비옥한 땅과 평야가 발달한 나라야.

- 전통과 권위를 중요하게 생각하고, 급격한 변화를 바라지 않는다.
- 다른 문화에 대해 덜 개방적이다. 자기 문화에 대한 고집이 강하다.
- 공동체의 안정과 질서를 중요하게 생각하고, 개인보다 집단을 앞세운다.
- 대체로 자급자족적인 성격이 강하다. 다른 나라와 교역의 필요성을 덜 느낀다.
- 대체로 방어적이고, 전쟁과 혼란을 싫어한다.
- 자유와 개성보다 전체적인 조화를 중요하게 생각한다.

농업 중심의 사회
동아시아의 중국, 조선, 일본, 동유럽, 러시아, 서유럽의 독일, 프랑스 지역 등이 대표적이다.

교역과 상업 중심의 사회
서유럽의 에스파냐, 포르투갈, 네덜란드, 이탈리아 도시 국가들, 동남아시아 믈라카 술탄국 등이다.

- 전통과 권위에 얽매이지 않고 변화에 열린 자세를 보인다.
- 다른 문화에 대해 개방적이고, 사고가 유연하다.
- 경쟁이 치열하고, 개인의 능력을 중요하게 생각한다.
- 다른 지역과의 교역으로 필요한 자원을 구한다.
- 시장과 교역망을 두고 다른 나라와의 전쟁과 다툼이 잦다.
- 자유와 개성을 강조한다.

그런가 하면 어떤 나라는 상업과 교역의 발전에 더욱 많은 노력과 시간을 기울였어. 대개 농사짓기에 적당하지 않은 기후와 자연 환경을 갖추고 있거나, 부족한 자원이 많아 자급자족하기 어려운 나라들, 교역망의 중심지에 있는 나라지.

그런데 사람들의 생각은 어떻게 먹고 사느냐에 따라 크게 영향을 받아. 그러니 농업을 중시하는 사회와 상업과 교역을 중시하는 사회에 사는 사람들의 생각과 생활 방식은 서로 다르단다. 이제 어떤 점이 다른지 함께 알아보자꾸나.

3 세계 교역망의 개편

1550년 ~ 1600년

새로운 항로의 발견으로 세계 각 지역은 이전보다 훨씬 가깝게 이어졌어. 그러면서 나라 밖 사정을 자세히 살필 수 있게 되었지. 차츰 우리에게는 무엇이 모자라고 무엇이 넉넉한지, 그리고 나라 밖 사정은 우리와 어떻게 다른지 알아 갔어. 자연스럽게 우리에게 모자란 것을 밖에서 가져와 채우고 싶은 욕구가 생겼어.

유럽의 여러 나라 가운데 에스파냐와 포르투갈은 어느 나라보다 빠르고 적극적으로 움직였어. 두 나라는 정치와 군사 면에서 영향력을 더욱 넓혀서, 아프리카와 동남아시아 지역까지 세력을 뻗었어. 그러면서 총과 대포 같은 화약 무기를 앞세워 식민지를 세우고, 원주민을 약탈했단다. 이와 함께 세계 주요 무역로의 바다에서는 교역의 주도권을 쥐기위해 크고 작은 무력 충돌을 자주 일으켰지.

한편 이 무렵 세계적으로 유통된 주요 물품이 바로 은이야. 은은 세계 교역의 흐름을 바꾸고, 세계사의 방향까지 결정지었단다. 그럼, 16세기 교역의 흐름과, 그 속에서 일어난 크고 작은 충돌의 역사를 살펴보자꾸나.

에스파냐의 식민지가 된 아메리카

대서양을 중심으로 유럽, 아메리카, 아프리카 세 지역이 무역을 벌이기 시작한 것은 15세기 후반이야. 세 나라 혹은 세 지역 사이에서 이루어지는 상품 교역을 삼각 무역이라고 불러. 그런데 역사상 삼각 무역이 세 지역 사이에서 공평하게 이루어진 적은 거의 없었단다.

힘이 센 지역이 약한 지역을 일방적으로 착취하거나, 그게 아니라도 힘의 크기에 따라 불공정하게 교역을 하는 경우가 많아서, 15~16세기 무렵의 대서양 삼각 무역도 사정은 마찬가지였단다. 에스파냐가 주도권을 쥐고 있던 당시의 삼각 무역을 함께 살펴볼까?

| 에스파냐가 아메리카를 약탈하다 |

콜럼버스가 아메리카에 '도착' 한 것은 순전히 우연한 사건이었어. 콜럼버스는 부를 거머쥐기 위해 서쪽을 향해 항해에 나섰어. 콜럼버스를 후원한 에스파냐의 왕 역시 같은 욕심을 품고 있었지. 한편, 아스텍을 점령한 코르테스의 동료인 카스티요는 아메리카에 온 목적을 좀 더 솔직하게 표현했어.

"우리는 신과 왕에게 봉사하고, 또 부를 얻기 위해서 여기에 왔다."

그런데 아메리카에는 에스파냐 정복자들의 기대를 훨씬 뛰어넘을 만큼 엄청난 양의 금과 은이 있었어. 코르테스는 금을 1,442킬로그램이나 거두어 에스파냐 왕에게 보냈고, 이후 잉카를 정복한 피사로 원정대는 자그마치 금 9,636킬로그램과 은 2만 6,572킬로그램을 빼앗아 에스파냐로 보냈다는구나.

아메리카 최대의 은광으로 알려진 포토시 광산에서 힘들게 일하는 아메리카 원주민들의 모습을 그린 기록화이다. 에스파냐는 포토시 은광을 비롯해 아메리카의 여러 은광에서 은을 파 번영을 누렸지만, 아메리카 원주민들의 생활은 비참하기만 했다.

특히 1545년에 포토시에서 발견된 은광은 에스파냐 왕에게 엄청난 부를 안겨 주었어. 오늘날의 볼리비아 땅인 포토시에는 수천 톤에 이르는 은이 묻혀 있었어. 당시 아메리카에서 나온 엄청난 양의 은 가운데 무려 절반이 포토시에서 캔 것이라는구나. 이 무렵에는 마침 수은으로 은을 제련하는 기술이 새로 개발되어, 은 생산이 금 생산을 크게 앞질렀단다. 그러자 유럽에 있던 은광들이 기울어 갔어. 아메리카 은광은 매장량이 어마어마할 뿐만 아니라, 아주 싼값에 노동자를 부릴 수 있어서 도저히 경쟁이 안 됐기 때문이야.

포토시는 은광 발견으로 한껏 부를 누렸어. 포토시로 건너온 에스파냐 사람들은 에스파냐를 통해 전 세계의 진귀한 물품을 마음껏 수입했지. 에스파냐의 포도주와 올리브, 나폴리의 스타킹, 베네치아의 유리, 인도의 상아, 페르시아의 양탄자, 중국의 도자기, 아프리카의 흑인 노예에 이르기까지 없는 게 없었어.

하지만 은광 발견으로 번영을 누린 것은 식민지 지배자들뿐이었어. 정작 아메리카 원주민들에게는 은광 개발이 축복이 아니라 재앙이었단다. 아메리카에 온 에스파냐 지배자들은 원주민들을 강제로 데려가 은광에서 노동을 시켰어. 그들은 노예나 다름없는 생활을 해야만 했지. 은을 캐는 작업 자체도 대단히 힘겨운 일이었지만, 수은으로 은을 제련하는 작업은 치명적일 만큼 건강을 위협했어. 은광 개발 이후로 약 300년에 걸쳐 아메리카 원주민들은 무려 800만 명이나 목숨을 잃었어. 광산에서 작업한 원주민 10명 가운데 7명이 목숨을 잃은 셈이야.

그러면 이렇게 캐낸 엄청난 양의 은은 다 어디로 갔을까? 도대체 어디에 이토록 많은 은이 필요했을까?

먼저, 유럽에서 중심 국가로 성장하고 있던 에스파냐가 많은 양의 은을 썼어. 이 무렵 유럽 사회는 크게 들썩거렸어. 동쪽에서는 이슬람 세력인 오스만튀르크 제국이 유럽을 노리고 여러 차례 공격해 왔고, 유럽 내부에서는 종교 개혁 운동이 일어나 프로테스탄트 세력이 빠르게 성장했어. 열렬한 가톨릭 국가인 에스파냐는 이슬람 세력이나 프로테스탄트 세력을 모두 막아야 했어. 그러자니 강력한 군대가 필요했고, 거기에 은을 쏟아 부은 거야. 에스파냐는 아메리카에서 가져온 은으로 네덜란드의 무기 상인들에게서 무기를 샀어.

은은 아시아, 특히 명으로도 많이 흘러들어 갔어. 당시 무굴 제국과 명은 유럽과

고된 노동에 시달리는 아메리카 원주민들이다. 아메리카 원주민들은 에스파냐 침략자들의 감시를 받으며, 은광이나 사탕수수 농장 등에서 힘들게 일해야 했다. 게다가 에스파냐 침략자들을 통해 들어온 여러 전염병에 걸려 불과 몇 년 사이에 수백만 명이 죽었다.

아메리카에 향료와 도자기를 비롯해 많은 상품을 수출했어. 하지만 수입하는 물건은 별로 없어서 무역이 불균형을 이루었어. 즉, 유럽과 아메리카에는 은 말고는 중국과 인도에 수출할 마땅한 상품이 없었던 거야.

더욱이 16세기 무렵 명에서는 은이 부족해 은 가격이 매우 비쌌지만, 아메리카와 유럽에서는 포토시 은광 등에서 캐낸 엄청난 은으로 은 가격이 아주 쌌지. 또, 당시 명은 세계 최고 수준으로 경제가 발전했기에, 아메리카에서 나는 엄청난 양의 은을 소비할 능력을 갖추고 있었어. 따라서 명이 없었다면 포토시가 존재하지 않았을 거라는 말까지 있을 정도야. 그리고 포토시가 없었다면 에스파냐가 결코 유럽에 제국을 건설하려는 시도를 못했을 거라는 말도 있단다. 한마디로 이 무렵에 은은 세계를 돌면서, 세계를 돌아가게 만들었어.

| 노예 무역이 성행하다 |

콜럼버스가 물꼬를 튼 뒤로 유럽 사람들은 본격적으로 아메리카 정복에 나섰어. 아메리카 정복 사업은 각종 천연자원과 식량이 전 세계로 유통되는 결과를 낳았단다. 옥수수, 감자*, 토마토를 비롯해 수많은 작물이 아메리카에서 유럽과 아시아로 빠르게 전해지면서, 상류층과 평민층의 식탁을 풍성하게 채워 주었단다. 16세기 중반에는 옥수수와 고구마가 명에까지 전해졌어. 그 덕분에 가난한 백성들은 보릿고개가 다가와도 예전만큼

감자*
세계에서 네 번째로 많이 생산되는 곡물이다. 원산지는 남아메리카 안데스 지역인 페루와 북부 볼리비아로 알려져 있다. 1570년대 에스파냐가 처음으로 유럽에 들여왔으며, 점차 싸고 실용적인 농작물로 자리 잡았다. 우리나라에는 19세기 초에 만주 간도 지방을 통해 들어온 것으로 알려져 있다.

흑사병*
목숨을 위태롭게 하는 대표적인 전염병이다. 흑사병이라는 이름은 걸리면 피부가 검은 빛으로 변하는 증상에서 비롯되었다. 병에 걸리면 대개 나흘에서 일주일 안에 60~90퍼센트가 죽을 정도로 치명적이다. 병에 걸리면 온몸이 떨리고, 높은 열과 두통에 시달리다 의식이 흐려져 죽는다.

심하게 굶주리지 않아도 되었단다.

그러나 아메리카에서 흘러나간 자원들이 유럽과 아시아를 풍성하게 만들어 주는 동안에도 아메리카 원주민들은 힘겹게 살아야 했어. 가난에 시달리는 것은 물론이고, 엎친 데 덮친 격으로 유럽 사람들이 옮겨 온 여러 가지 질병 때문에 말할 수 없이 큰 고통을 겪어야 했단다.

유럽 사람들은 아메리카 원주민들이 여태껏 한 번도 접촉해 보지 못한 병균을 옮겨 왔어. 세계 곳곳을 오가며 각종 물건을 실어 나르던 배가 상품뿐 아니라 병원균도 함께 옮겼던 거야. 아메리카 원주민들은 다른 대륙과 교류 없이 오랜 세월을 살아왔어. 그렇게 떨어져 사는 동안 다른 대륙의 병균을 접하지 않았고, 따라서 그에 대한 면역력도 없었단다.

천연두를 비롯해 홍역, 감기, 페스트, 콜레라, 수두, 백일해, 디프테리아, 말라리아 등이 아메리카 원주민들의 생명을 위협했어. 전염병의 위력은 수백 발의 대포알보다 훨씬 무시무시했단다. 전염병은 에스파냐 사람들이 최초로 들어온 카리브에서 원주민을 거의 전멸시키더니, 멕시코에 상륙하여 파나마를 거쳐 페루로, 이어서 남아메리카 전 지역으로 퍼졌어.

전염병은 심리전에서도 결정적인 역할을 했어.

'신이 우리를 버렸다!'

전염병에 걸린 원주민들은 이렇게 생각했단다. 왜냐하면 전염병이 돌아도 정복자들은 멀쩡하고, 자기네만 쓰러져 갔기 때문이야. 원주민들은 에스파냐 사람들 뒤에 자신들의 신보다 더 강력한 신이 있거나 자신들의 신이 그들을 버렸다고 믿었어. 가뜩이나 힘이 약한 원주민들이 심리전에서도 밀렸던 거야. 약 2세기 전, 몽골군과 흑사병*이 유럽을 휩쓸었을 때 유럽 사람들이 느꼈던 공포와 크게 다르지 않았을 거야.

전염병뿐 아니라 정복 전쟁, 원주민 사이의 전투, 정복자들의 괴롭힘, 강제 노

동, 낮은 출산율 등등이 아메리카 인구수를 급격히 떨어뜨렸단다. 코르테스가 도착할 무렵 2,510만 명이던 멕시코의 인구는 불과 100여 년이 지난 1622년에는 75만 명으로 줄었어. 비슷한 시기에 콜롬비아나 브라질의 원주민 역시 80퍼센트가량 줄었지. 그 결과 아메리카 대륙에는 노동력이 부족해졌어.

"새로 만든 도시를 일으키려면 농부가 필요하고, 금과 은을 캐낼 광부도 필요하고, 유럽과 신대륙 사이를 오가려면 노 젓는 사람도 필요하고……"

정복자들은 이런 걱정들을 했어. 일손을 구하는 가장 손쉬운 방법은 노예를 사들여 부리는 것이었어. 한번 사들인 노예는 그 뒤로 대가를 지불하지 않고 죽을 때까지 마구 부릴 수 있으니까 말이야.

그래서 에스파냐와 포르투갈 사람들은 아프리카에서 노예를 사들이거나, 직접 아프리카로 가서 흑인들을 잡아 오기도 했어. 이때 군인들이 마을을 습격해서 주민들을 마구 납치했지.

이렇게 해서 젊은 남자는 물론 여자와 어린아이들까지 포함된 수백만 명이 넘는 아프리카 흑인들이 노예선에 실렸어.

노예선에 실려 아메리카까지 가는 길은 멀고 험했지. 노예들은 짐짝과 같은 취급을 당했고, 시루떡처럼 포개져 잠을 자야 했어. 이렇게 참혹한 상황에서 노예선에 실린 흑인들 열 명 가운데 한 명 꼴로 목숨을 잃었어. 당시 유럽 사람들은 피부색이 짙은 사람을 인간이 아니라 짐승과 다를 바 없는 존재로 여겼던 거야.

유럽 정복자들은 노예를 데려다가 사탕수수, 커피, 카카오,

유럽, 아프리카, 아메리카 사이의 삼각 무역 모습이다. 16~17세기에 유럽 사람들은 아프리카의 흑인들을 아메리카에 노예로 끌고 가 농장 등에서 일을 시키고, 아메리카에서 생산한 곡물, 광산에서 파낸 은이나 금 등을 유럽으로 가져갔다.

목화, 쌀, 담배, 인디고 등을 대량으로 재배하는 플랜테이션*에 이용했어. 이러한 작물들은 유럽보다는 아메리카의 열대 기후에서 잘 자랐고, 아프리카 흑인 노예들은 열대 기후를 백인보다 잘 견뎠지. 그 덕분에 유럽의 정복자들은 신대륙 곳곳에 새로운 식민지를 개척해서 부유하게 살 수 있었어.

노예 무역은 200년 넘게 이어졌어. 특히 1630년 무렵에 사탕수수 재배가 확대되면서 흑인 노예도 엄청 크게 늘었지. 1200~1500만 명가량이 노예로 끌려 갔다는구나.

이것이 대서양을 사이에 두고 유럽, 아프리카, 아메리카 사이에 이루어진 삼각 무역이야. 유럽은 아프리카에 유럽의 상품을 팔고, 아프리카는 아메리카에 노예를 보내고, 아메리카에서는 각종 광물과 열대 작물을 유럽으로 보냈지. 서로서로 주고받는 관계이긴 했지만 불공정한 무역이었어. 그 가운데 빈부의 차는 점점 심해졌단다.

| 아메리카에 유럽 문화가 퍼지다 |

에스파냐와 포르투갈 두 나라는 15세기부터 항로와 식민지 개척을 이끌었어. 두 나라 모두 황금과 부를 쫓으려는 열망이 가득했다는 점에서는 크게 다를 바가 없었어. 다만 차이가 있었다면, 에스파냐는 적어도 겉으로는 종교적 소명을 끊임없이 강조했다는 거야.

코르테스가 쿠바의 총독 디에고 벨라스케스의 명에 따라 출

플랜테이션*
서양 사람들이 열대 또는 아열대 지방에 거대한 농장을 만들고, 현지인의 값싼 노동력을 이용하여, 쌀·고무·목화·담배 따위의 특정 농산물을 대량으로 생산하는 농업 방식을 말한다.

항을 준비할 때, 이러한 지시문을 받았다고 해.

"당신이 떠나는 원정의 첫 번째 목표가 신께 봉사하고 크리스트 교 신앙을 전파하는 것이라는 점을 명심하시오. 만약 원주민들이 종교를 가지고 있다면, 그것을 연구하고 자세히 보고해야 하오. 마지막으로 당부하는데, 진정한 믿음과 교회의 지식을 전파할 기회를 놓쳐서는 안 되오."

이처럼 크리스트 교 전파를 정복 사업의 명분으로 삼았단다.

아메리카 정복 초기에는 탁발 수도단이 선교 활동에 앞장섰어. 탁발은 구걸한다는 뜻으로, 이 수도단은 청빈하고 엄격한 신앙 생활을 목표로 13세기에 만들어

아메리카 대륙 전체 가톨릭 신자들의 수호성인인 과달루페의 성모 초상화이다. 이 과달루페의 성모는 갈색 피부인데, 크리스트 교가 아메리카 토착 문화와 어우러진 결과라고 할 수 있다.

졌어. 탁발 수도사들은 오염되고 타락한 세계를 떠나 새로운 세계에서 말세를 준비할 마음 자세를 갖추고 있었지. 그들은 아메리카 원주민들에게서 크리스트 교 부흥의 희망을 보았단다.

탁발 수도사들은 원주민들이 숭배하던 우상과 그들의 그림책, 신전을 파괴하는 것으로 선교 활동을 시작했어. 원주민들의 신전은 크리스트 교회로 바뀌어 갔지. 1525년부터 우상과 우상 숭배자를 없애는 종교 재판이 시작되었고, 크리스트 교

로 개종하는 원주민을 대상으로 교육과 세례가 이루어졌어.

그렇다고 해서 수도사들이 파괴만 일삼은 것은 아니란다. 그들은 학교를 세워 라틴 어, 철학, 수사학, 논리학 따위를 원주민 자녀들에게 가르쳤어. 『성경』도 원주민의 언어로 번역했단다. 수도사들의 열정과 에스파냐 국왕의 뒷받침으로, 초기 선교 사업은 매우 성공적으로 이루어졌어. 그들의 열정이 얼마나 대단했는가는 멕시코에 들어온 지 채 50년도 지나지 않아 70개의 수도원을 세운 것만 봐도 짐작할 수 있어.

하지만 선교 활동에는 장애물도 많았어. 무엇보다 원주민들의 우주관이나 문화를 이해하고 그들에게 다가가는 것이 쉬운 일이 아니었지. 적은 수의 수도사들이 넓은 아메리카의 많은 인구를 상대해야 하는 것도 힘든 문제였어. 일단 크리스트 교가 어느 정도 퍼졌다고 해도 신앙을 유지시키는 일도 힘들었지. 수도사들은 넓은 지역을 부지런히 오가며 미사와 성찬식을 이끌었단다. 그러는 사이에 원주민들은 서서히 크리스트 교를 받아들였어.

한편, 크리스트 교를 아메리카 대륙에 퍼뜨리는 과정에서 민속학*이 발전하기도 했단다. 원주민들에게 새로운 종교를 전하려면 원주민들의 생활과 세계관을 주의 깊게 이해해야 한다고 깨달았기 때문이지. 선교사들은 원주민 언어를 배웠고, 그들이 지내 온 역사, 관습, 전통을 연구했어. 이러면서 민속학 자료들이 차츰 쌓여 갔어. 이 자료들에는 아메리카 원주민의 역사를 밝히는 데 중요한 내용들이 담겨 있단다.

민속학*
신앙, 신화, 풍습 등 민간에 전해 오는 여러 가지 문화를 연구하는 학문이다.

● 클릭! 역사 속으로

아메리카를 인도로 착각한 콜럼버스

"인도다! 드디어 인도에 도착했어."

뱃전에 서 있던 콜럼버스는 감격에 겨워 소리쳤어. 에스파냐의 항구를 떠난 지 벌써 몇 달이 지나 있었어. 그동안 넓은 바다를 건너오며 숱한 고생을 한 선원들도 무척 기뻐했어. 모두들 이제 곧 금과 값비싼 향료를 손에 넣을 수 있을 거라고 생각했지.

섬에 사는 '인디언'들은 한가로이 바다에서 헤엄을 치고 있었어. 콜럼버스 일행은 인디언들을 불러들여 유리구슬 목걸이와 방울을 나누어 주었어. 그러고는 금으로 만든 코걸이를 달라고 했지. 천진난만한 인디언들은 망설임 없이 코걸이를 내주었어.

콜럼버스 일행이 어디에 금이 많으냐고 묻자, 인디언들은 저 너머 멀리 있다는 손짓을 했어. 콜럼버스는 인디언이 가리킨 방향으로 떠났어.

1492년, 콜럼버스는 마르코 폴로가 쓴 『동방견문록』을 품에 넣고 에스파냐를 출발했어. 바다 건너 인도에 가면 마르코 폴로가 말한 금으로 만든 집이 있는 도시와 비단옷, 향료가 널린 곳이 있을 거라고 생각했지. 콜럼버스는 배 세 척을 끌고 대서양을 건넌 뒤 아메리카의 한 섬에 도착했어. 콜럼버스는 이곳을 인도라고 착각했어. 그래서 이곳에 사는 원주민을 인도 사람이라는 뜻으로 '인디언'이라고 불렀지.

그런데 콜럼버스가 도착한 곳은 아메리카였어. 콜럼버스가 아메리카에 처음 다녀온 뒤 유럽 사람들은 너도나도 아메리카를 찾아갔어. 콜럼버스도 네 차례나 항해를 했지. 콜럼버스는 쉽게 금을 찾지 못하자 친절하고 천진난만하던 원주민들을 잡아 노예로 만든 뒤 금과 향료를 찾게 했어.

뒤이어 아메리카에 온 유럽 사람들도 비슷한 짓을 저질렀지. 원주민은 유럽 사람들 때문에 수없이 죽었고 자유를 빼앗겼어. 반면, 유럽은 아메리카에서 들여온 은과 농작물 그리고 원주민들의 피와 땀 덕분에 크게 발전할 수 있었단다.

무굴 제국의 등장과 번영

명의 정화가 대규모 항해단을 이끌고 인도양을 누비고 다닐 때, 남인도에서는 힌두 국가인 비자야나가르 왕국이 활발하게 해상 교역을 펼쳤어. 또 북인도에서는 이슬람 국가인 델리 술탄국이 내부의 분열로 힘을 잃어 갔지.

그런데 16세기 초에 접어들자 새로운 이슬람 세력이 인도에 몰려들었단다. 이들은 델리 술탄국을 무너뜨리고 무굴 제국을 세웠어. 무굴 제국은 오랫동안 여러 나라로 얼기설기 있던 인도를 하나로 통합하고 번영을 누렸단다. 여기서는 무굴 제국의 성립과 번영을 들여다보자꾸나.

바부르가 무굴 제국을 세우다

16세기 초, 오스만튀르크 제국이 주변으로 세력을 뻗어 갈 때 인도에는 새로운 이슬람 제국이 들어섰어. 바로 무굴 제국이야.

무굴 제국을 세운 사람은 바부르야. 그는 중앙아시아에 살던 유목 부족 출신으로, 티무르의 후예라고 알려져 있어. 티무르는 몽골 제국의 부활을 내세우며 14세기 무렵 중앙아시아에서 큰 세력을 떨쳤어. 그러나 티무르의 죽음과 함께 그가 세운 제국은 빠르게 힘을 잃었어. 그 뒤 중앙

군대를 이끌고 전쟁에 나선 바부르의 모습을 그린 기록화이다. 바부르는 칭기즈 칸과 티무르의 후예로, 인도에 무굴 제국을 세웠다.

아시아에는 여러 나라가 서로 힘을 겨루는 어지러운 상황이 이어졌지. 바부르는 그 여러 나라 가운데 한 나라에서 태어났어.

바부르는 어린 시절, 내분에 휩싸이는 바람에 적에게 이리저리 쫓겨 다니는 고단한 시간을 보내야 했지. 하지만 그는 어떤 위기에서도 용기를 잃지 않고, 자신을 따르는 사람들을 다독이며 차근차근 세력을 키웠어. 그러면서 빼앗긴 나라를 되찾을 수 있는 기회를 엿보았지. 하지만 물리쳐야 할 적의 힘이 강해 기회는 쉽게 오지 않았어.

1504년, 결국 바부르는 고향으로 돌아가는 것을 포기하고 오늘날 아프가니스탄의 카불에 자리를 잡았어. 그리고 얼마 뒤에 북인도를 지배하던 델리 술탄국에서 내분이 일어나자, 그 틈을 놓치지 않고 군대를 일으켰어. 바부르의 군사는 1만여 명에 불과했고, 델리 술탄국의 군사는 10만이 넘었단다. 그런데 바부르는 이 전쟁을 승리로 이끌었고, 1526년에 델리를 점령했어. 그런 다음 무굴 제국을 세웠단다.

'무굴'이라는 이름은 '몽골'에서 따온 말이야. 바부르의 몸속에는 티무르와 칭기즈 칸의 피가 함께 흐르고 있었기에 이런 이름을 붙인 거지.

그런데 무굴 제국은 얼마 못 가 위기를 맞았어. 인도의 힌두 세력이 힘을 모아 델리로 쳐들어온 거야. 힌두 세력은 코끼리 부대를 앞세우고 10만 명에 가까운 대군을 이끌고 왔어. 바부르의 병사들은 그 모습을 보고는 두려움에 떨었지. 그러나 바부르는 뛰어난 지도력을 발휘해 병사들의 용기를 북돋우고, 지혜롭게 작전을 지휘해서 적을 단숨에 물리쳤어. 바부르는 승리의 기세를 몰아 인더스 강 주변의 다른 힌두 왕국들까지 삽시간에 정복해 버렸어. 이렇게 해서 무굴 제국은 아주 짧은 시간에 인도의 반을 차지하는 큰 나라로 성장했단다.

바부르가 무굴 제국을 다스린 기간은 4년에 지나지 않지만, 그의 후손들은 300년 넘게 통치를 이어 갔어. 그럴 수 있었던 중요한 까닭은 바부르가 너그러운 종교 정책을 실천했기 때문이란다. 바부르는 힘을 쓰면 잠시 동안 사람들을 억압할 수는 있지만, 마음에서 우러나오는 존경과 복종을 오랫동안 지속시킬 수는 없다고 생각했어. 1530년, 바부르가 죽기 직전에 아들 후마윤에게 남긴 유언을 들어 볼까?

"종교적 선입관을 품지 마라. 백성들의 종교적 감성과 의례를 주의 깊게 살펴 공정하게 대해라. 토착민들의 마음을 사로잡으려면 소를 죽이지 마라. 제국 안의 평화를 유지하려면 어떤 종교 사원도 파괴하지 말고 그들을 모두 공평하게 대해라. 이슬람 교는 폭력과 박해라는 칼보다는 사랑과 애정으로 훨씬 더 잘 전파될 것이다. 다양한 계절이 있는 것처럼 백성들에게도 다양한 성향이 있다는 것을 명심해라."

그런가 하면 바부르는 정복한 지역에 지방관을 보내 법이 엄격하게 지켜지는지 감시하도록 했으며, 인도 사람들의 자식들에게도 학교 교육을 시켰지. 이런 정책들에 힘입어, 바부르는 자신의 조상인 티무르가 못다 이룬 인도 대륙 정복의 꿈을 이루었단다. 그리고 이슬람과 힌두를 하나로 묶는 정책은 이후 무굴 제국이 전성기를 누리는 바탕이 되었어.

비자야나가르 왕국*
인도 남부에서 14~17세기에 번영을 누린 힌두 왕국이다. 이 시기 북쪽의 이슬람 세력이 남쪽으로 더 내려오지 못하도록 막아 힌두 문화를 지켰다. 향료와 면직물 산업이 발달했다.

악바르가 무굴 제국의 통합을 이끌다

바부르가 죽은 뒤, 그의 맏아들 후마윤이 황제 자리를 이어받았어. 그런데 후마윤은 황제가 된 지 얼마 지나지 않아, 이웃 나라인 아프가니스탄의 침략자들에게 쫓겨나고 말았어. 그는 페르시아로 몸을 피해 당시 페르시아의 샤인 이스마일 1세에게 도움을 요청했지. 후마윤은 이스마일의 도움을 받아 빼앗긴 나라를 되찾으려고 노력했어. 그리고 마침내 15년 만에 아프가니스탄의 침략자를 몰아내고 델리의 궁전으로 돌아오는 데 성공했어. 하지만 불과 1년 뒤 도서관 계단에서 미끄러지는 바람에 세상을 떠났단다.

후마윤이 갑작스럽게 죽자, 당시 열세 살이던 악바르가 아버지의 뒤를 이어 무굴 제국의 황제가 되었어. 이때가 1556년으로, 이 무렵 무굴 제국은 영토가 크게 줄어든 상태였어. 후마윤이 페르시아로 쫓겨나 있는 동안, 다른 이슬람 왕국이 무굴 제국의 영토를 많이 빼앗아 갔기 때문이야.

"할아버지인 바부르 황제가 이루었던 제국의 영광을 내가 꼭 되찾고야 말겠다!"

어린 황제 악바르는 이런 각오를 다졌어. 악바르는 차근차근 군대의 힘을 키우더니, 빼앗겼던 땅을 되찾고 영토를 넓혀 나갔단다. 마침내 남인도의 강력한 힌두 국가인 비자야나가르 왕국*까지 손에 넣었지.

악바르의 업적은 영토를 크게 넓힌 데에만 있는 것이 아니야. 그는 정치, 경제, 사회 등 모든 분야에서 무굴 제국의 기반을 튼튼하게 다진 뛰어난 황제란다.

악바르가 황제 자리에 오를 무렵에는 귀족의 힘은 강한 반면, 황제의 힘은 매우 약했어. 그러다 보니 귀족들이 황제를 흔드는 일이 잦았고, 정치도 불안했지. 그래서 악바르는 늘 귀족의 힘을 누를 수 있는 기회를 엿보았단다. 그러다가 정복 전쟁이 마무리될 즈음, 악바르는 마침내 귀족의 우두머리를 내쫓고 모든 권력을 손에 넣는 데 성공했어. 악바르는 자신에게 충성을 맹세하는 사람들만 모아 총독과 관

무굴 제국의 평화로운 시골 모습이다. 무굴 제국의 악바르 황제는 종교에 상관없이 능력 있는 사람을 뽑아 관리로 임명하고, 경제 발전을 북돋아 무굴 제국이 번영을 누릴 수 있는 기틀을 닦았다.

리로 임명해 나라를 운영했단다.

악바르가 무척 신경을 쓴 부분이 무슬림과 힌두 교도를 하나로 묶는 일이었어. 무굴 제국 이전부터 이슬람 세력은 정복 전쟁으로 새 영토를 얻으면, 그 지역의 이교도들에게 개종을 강요하지 않았어. 다만 종교의 자유를 허용하는 대신 세금을 거뒀는데, 이 세금을 지즈야라고 해. 그런데 힌두 교도들은 지즈야가 자신들을 차별하는 제도라며 불만이 많았어. 악바르는 이것을 알아차리고 지즈야를 없애 버렸단다.

이밖에도 악바르는 자신이 직접 힌두 귀족의 딸과 결혼했을 뿐 아니라, 힌두 교도라도 능력이 있다면 종교를 따지지 않고 높은 벼슬을 주었어. 악바르 이전에도 행정 관료나 군인이 된 힌두 교도가 있기는 했지만, 그 수는 매우 적었어.

악바르가 이렇게 노력을 기울이자, 힌두 교도들도 조금씩 마음의 문을 열고 악바르의 통치에 협조를 아끼지 않았단다. 이렇게 해서 인도에 이슬람 세력이 들어온 뒤 끊이지 않았던 이슬람 세력과 힌두 세력의 갈등과 대립이 서서히 사라지기 시작했어.

한편, 악바르는 1571년부터 수도를 새로 짓기 시작해서 새로운 시대가 열렸음을 널리 알렸어. 새 수도에는 으리으리한 황궁을 비롯해서 화려한 이슬람 사원, 아름다운 정원 등 새로운 건물들이 수없이 들어섰어. 그리고 이 건물들에는 힌두와 이슬람 예술이 한데 어우러졌어.

악바르는 이슬람 교와 힌두 교뿐 아니라 자이나 교* 같은 인도의 전통 종교, 페르시아에서 시작된 조로아스터 교, 이 무렵 인도에 들어오기 시작한 크리스트 교에도 선교의 자유를 주었

자이나 교*
기원전 6세기 무렵에 마하비라가 일으킨 종교이다. 불교와 함께 인도의 영향력 있는 종교의 하나로, 베다의 권위를 부정하고 엄격한 계율 생활과 고행의 실천을 중요하게 여겼다. 불교와 달리 주로 인도 국내 사람들이 믿었다.

어. 심지어 악바르 자신이 직접 크리스트 교 선교사나 힌두 교 승려들을 만나 토론을 벌이기도 했단다. 인도 역사에서 악바르처럼 여러 종교와 사상을 자유롭게 허용한 군주는 없었다는구나. 그는 종교가 서로 다르더라도 자신이 다스리는 지역의 모든 백성이 함께 어울려 평화롭게 살기를 바랐던 거야.

악바르는 50년 동안 무굴 제국을 다스리면서, 제국이 인도에 뿌리를 단단히 내리도록 만들었어. 그 덕분에 악바르가 죽은 뒤에도 무굴 제국은 100년 넘게 번영을 누릴 수 있었단다.

인도 고아의 크리스트 교 선교사의 모습을 그린 무굴 제국의 그림이다. 악바르를 비롯해 무굴 제국 황제들은 이슬람 교가 아닌 다른 종교에 대해서도 자유로운 선교를 허락했다.

무굴 제국 때 경제적인 번영을 누린 라호르의 모습을 그린 기록화이다. 라호르는 아프가니스탄의 대표적인 도시로, 상업과 교역이 발달했다.

부유한 무굴 제국에 유럽 국가들이 몰려들다

악바르가 황제로 있는 동안, 무굴 제국의 경제는 크게 발전했어. 다른 이슬람 국가들이 그랬듯이 무굴 제국의 정부도 상업과 교역을 장려했단다. 그에 따라 북인도에서는 델리, 라호르 등이 상업과 교역의 중심지로서 활기를 띠었어. 이들 도시에는 인구가 크게 늘었고, 더불어서 도시의 시장에 내다 팔 농작물을 기르는 농민들도 늘어났어.

한편, 무굴 정부는 농민에게 세금을 거둘 때 물품이 아니라 화폐로 받았어. 그래서 농민들은 세금 낼 돈을 마련하려고 곡물을 시장에 내다 팔았지. 그러는 가운데 화폐 경제가 더욱 발전하게 되었단다.

무굴 제국 시대에 크게 발전한 산업은 면직물 산업이었어. 인도에는 면직물을 짜는 데 필요한 목화가 풍부하고, 노동력도 풍부해 인도의 면직물은 질은 좋고 값은 쌌지.

그런데 무굴 제국의 면직물 발전을 부추긴 것은 바로 유럽 사람들이었단다. 16세기 이후 유럽의 여러 나라는 앞 다투어 인도로 몰려들었어. 이때 인도의 면직물이 유럽에 널리 알려졌는데, 유럽 사람들은 금세 면직물의 매력에 사로잡혔어. 그 이전까지 유럽에서는 비단을 입는 부유층을 빼고는 대부분 삼베나 양모로 옷을 지어 입었어.

그런데 면직물 옷은 이들 옷에 비해 따뜻하고 가벼운 데다가 값도 쌌어. 그러니 너도나도 면직물을 구하려고 들었지. 인도의 면직물이 얼마나 인기가 높았는가 하면, 유럽에서 비단과 양모를 생산하던 업자들이 "면직물 수입을 금지하라!"라고 요구할 정도였단다.

이처럼 면직물 수출이 크게 늘자, 인도에서는 더 많은 사람이 목화를 키우고 옷감을 짜는 일에 매달렸지. 마을에 대개 하나밖에 없는 물레로 면사를 뽑은 뒤에, 그것을 수레에 실어 항구 도시로 옮겼어. 그곳의 작업장에는 수백 개의 베틀이 갖춰져 있어서, 대량으로 옷감을 만들 수 있었지. 여기에 염색 작업으로 마무리하면 유럽으로 가는 배에 실을 준비가 끝나는 거야.

무굴 제국은 이와 같이 해외 무역으로 많은 부를 쌓았어. 면직물뿐만 아니라 후추, 정향 같은 향료를 매년 수만 톤씩 수출했으며, 비단과 보석도 주요 수출품이었어. 또 유럽에서 화약 무기가 널리 사용된 뒤로는 화약을 만드는 데 필요한 초석도 많이 수출했어.

이처럼 경제 규모가 커지자 도시도 확대되었단다. 17세기 무렵 인도에는 델리, 아그라, 수라트 등 인구가 20만 명이 넘는 도시가 아홉 곳이나 있었어. 이들 도시에는 시장과 상점들이 즐비했고, 외국 상인들의 발걸음도 분주했단다. 이 무렵 유럽에서 이 정도 규모를 갖춘 도시는 파리, 런던, 나폴리 정도였어.

무굴 제국의 대도시에는 부유한 상인과 귀족이 몰려 살았어. 이들은 화려한 집을 짓고, 비단이나 질 좋은 면으로 지은 옷을 입고, 은과 금으로 만든 그릇에 맛있는 음식을 담아 먹었다는구나.

17세기 들어서 무굴 제국은 번영의 절정기를 맞이했어. 제국의 영토는 점점 늘어 갔어. 그리고 무굴 제국의 궁전은 아시아에서 가장 찬란하기로 명성이 높았어. 무굴 제국의 궁전을 방문한 유럽 사람들은 감탄을 금치 못했어. 그리고 무굴 제국 황제의 금과 보석에 대해서도 찬탄을 아끼지 않았어.

무굴 제국의 부와 번영은 멀리까지 소문이 났어. 유럽 사람들은 그것을 직접 확인하려고 인도로 몰려들었지. 13세기 중반에 인도에 잠시 머물렀던 마르코 폴로는 『동방견문록』에 인도의 부와 인도에 대한 신기한 이야기를 적었는데, 유럽 사람들

웅장한 무굴 제국의 궁궐이다. 무굴 제국의 전성기인 17세기 초에 지어진 궁전으로, 벽을 온통 붉은 벽돌로 지어서 레드포트라고 부른다.

엘리자베스 여왕[*]
16세기 중반부터 17세기 초까지 영국을 다스렸다. 강력한 왕권을 바탕으로 상업 발전을 장려하고, 에스파냐의 무적함대를 무찔러 지중해와 인도양 교역의 주도권을 잡음으로써, 영국이 세계적인 강국으로 성장할 수 있는 길을 열었다.

은 『동방견문록』을 읽고 인도에 대한 호기심을 키웠지.

인도를 맨 먼저 찾은 유럽 국가는 포르투갈이었어. 포르투갈은 인도에서 향료 무역을 독점함으로써 번영을 누렸지. 이어서 17세기에는 영국과 네덜란드도 인도에 진출했어. 시간이 지나면서 이들 유럽 국가들은 인도에 동인도회사를 만들어 면직물, 초석 같은 인도의 특산물을 독점하기 위해 서로 경쟁했어.

그런데 영국이 인도에 진출한 초기에 영국의 엘리자베스 여왕[*]은 악바르에게 사신을 보내 자유 무역을 하자고 간청하기도 했단다. 비록 세월이 흐른 뒤에는 무굴 제국이 힘을 잃고 인도가 영국의 식민지가 되지만, 적어도 18세기까지 인도는 유럽 사람들이 함부로 얕볼 수 없는 나라였어. 그만큼 무굴 제국이 경제적 번영을 누리며 힘을 키웠기 때문이란다.

● 클릭! 역사 속으로
열린 귀를 가진 무굴의 황제, 악바르

16세기 말, 인도의 무굴 제국을 다스리던 사람은 악바르 황제였어. 악바르는 무굴 제국의 세 번째 왕이었는데, 매일 학자들과 토론하기를 즐겼어. 힌두 교, 이슬람 교를 비롯해 여러 종교의 학자들과 과학, 기술, 문화와 건축 분야의 학자들은 악바르에게 불려 나가 토론을 했어.

어느 날, 학자들 사이에 악바르에 대한 소문이 퍼졌어.

"자네, 악바르 황제가 글을 읽지 못한다는 것을 알고 있나?"

"뭐라고? 그럴 리가. 그렇게 똑똑한 왕이 문맹이라고?"

"나도 그런 소문을 들은 적이 있어. 책을 읽지는 못하지만 기억력이 뛰어나서 한번 들은 이야기는 잊지 않는대."

"대단하구먼. 여태껏 우리 가운데 악바르 황제가 문맹이라는 것을 눈치 챈 사람이 아무도 없잖아. 사람들이 하는 이야기만 듣고도 그렇게 아는 것이 많다니!"

학자들은 혀를 내둘렀어.

1556년 무굴 제국의 황제가 된 악바르는 이렇게 뛰어난 사람이었어. 책을 읽지 못해 아는 것이 적다는 단점을 다른 사람이 책을 읽어 주는 것을 듣거나 학자들과 토론을 하면서 메워 나갔어. 이렇게 알게 된 지식으로 나라 전체의 학문 수준을 끌어 올렸지.

악바르는 스스로 군사 무기를 발명하기도 했어. 분해한 뒤 운반해 다시 조립해서 쓸 수 있는 대포를 비롯해 하나의 심지에 불을 붙여 17대의 대포를 동시에 발사할 수 있는 장치를 만들기도 했지.

악바르는 하루에 세 시간밖에 자지 않으면서 학자들에게 배우기를 즐겼다고 해. 또 궁 안에 도서관을 짓고 학자들이 연구하는 것을 도왔어. 이렇게 악바르 황제는 무굴 제국이 번영을 누릴 수 있는 바탕을 마련했어. 그래서 악바르를 무굴 제국 역사에서 가장 훌륭한 황제로 꼽는단다.

동남아시아의 포르투갈과 에스파냐

에스파냐가 아메리카 대륙에 식민 도시를 세우고 은을 캐 갈 무렵, 포르투갈은 그와 반대 방향인 동쪽으로 나아갔어. 여기에는 1498년 바스쿠 다 가마가 인도 항로를 찾은 것이 발판이 되었지. 포르투갈 상인과 군대는 인도를 거쳐 향료가 많이 나는 동남아시아로 들어갔단다. 이보다는 좀 늦었지만, 에스파냐 역시 태평양 항로를 통해 동남아시아에 진출했어. 두 나라 모두 동남아시아의 향료를 탐냈지. 하지만 이미 동남아시아에는 이슬람 상인과 중국 상인들이 교역망을 움켜쥐고 있었기 때문에, 그들은 치열한 경쟁을 벌일 수밖에 없었어. 이제 유럽 국가들이 어떻게 동남아시아로 진출했는지를 함께 알아보자꾸나.

| 포르투갈이 인도양에 진출하다 |

바스쿠 다 가마가 인도 남서부의 캘리컷에 도착했을 때, 포르투갈 사람들은 인도 항로를 '발견'했다고 기뻐했어. 하지만 그보다 훨씬 오래전부터 무슬림 상인들은 인도양을 활발하게 누비고 다녔어. 다시 말하자면, 흔히 표현하듯이 이 시대에 유럽 사람들이 주도한 '지리상의 발견'이란 사실 없었다는 거야. 이미 오래전에 무슬림 상인들과 현지인들이 '발견'한 곳에 포르투갈 사람들이 뒤

포르투갈의 알부케르크의 초상화이다. 알부케르크는 제2대 인도 총독으로 인도에 파견되어 고아를 점령하여 식민의 근거지로 삼고 실론과 믈라카 술탄국에도 진출했다.

늦게 찾아왔을 뿐이지. 그것도 평화롭던 교역망에 총을 들이대고서 말이야. 그래서 어떤 이는 이렇게 평가하기도 한단다.

"포르투갈이 인도양에 등장한 순간, 이 지역의 가장 큰 특징이었던 평화로운 교역 시대가 순식간에 끝나고 말았다."

포르투갈은 인도양 항로를 확실히 장악하기 위해 홍해를 막았고, 그것을 뚫으려는 이집트와 인도의 연합 함대를 물리쳤어.

포르투갈이 아시아로 진출하는 데 발판으로 삼은 곳은 인도양 교역망의 거점이던 인도의 고아였어. 포르투갈은 1510년에 무력으로 고아를 점령한 뒤로 고아를 포르투갈 군인, 상인, 관료, 선교사 들의 활동 중심지로 이용했어. 포르투갈 왕이 보낸 총독은 고아에 유럽풍 건물을

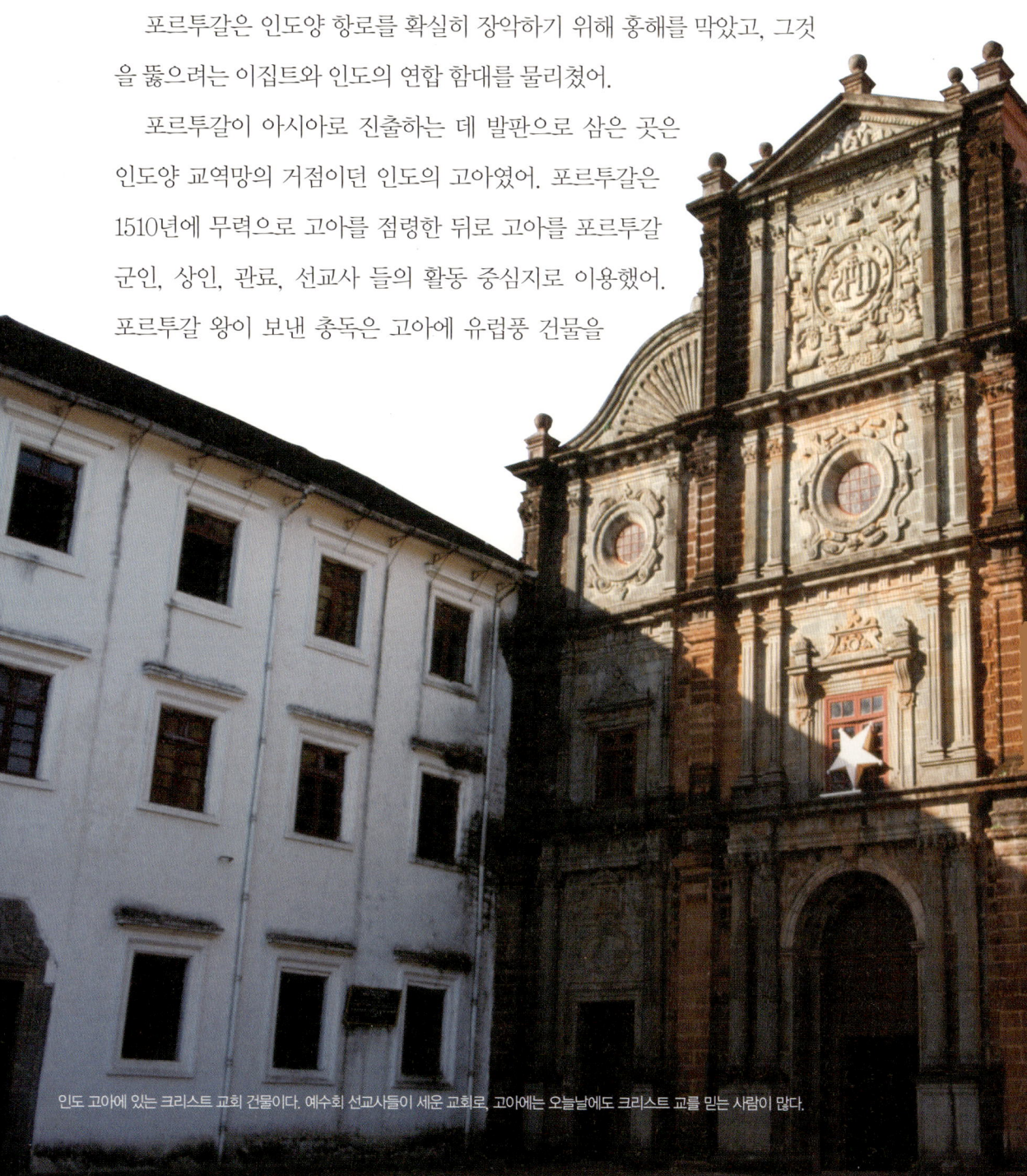

인도 고아에 있는 크리스트 교회 건물이다. 예수회 선교사들이 세운 교회로, 고아에는 오늘날에도 크리스트 교를 믿는 사람이 많다.

술탄*
'통치자', '권위'를 의미하는 아랍 어에서 유래한다. 10세기 무렵, 오늘날 아프가니스탄에 세력을 떨친 가즈나 국의 마흐무드 때부터 사용했다. 그 뒤 이슬람 국가에서는 통치자를 대부분 술탄이라고 불렀다.

짓고, 거대한 조선소와 군수 창고 등을 세웠어. 또 가톨릭 선교사들은 고아에 수많은 학교를 세워 인도와 동남아시아 지역의 학생들을 모아 가톨릭 문화를 가르쳤단다.

포르투갈은 이렇게 고아에 근거지를 마련한 다음, 동남아시아의 믈라카 술탄국에 눈독을 들였어. 믈라카는 중국과 인도양을 오가는 배라면 반드시 거쳐야 하는 요충지였어. 그러니 인도를 거쳐 아시아로 진출하려는 야심을 품은 포르투갈로서는 꼭 손에 넣어야 하는 곳이었지.

동남아시아의 말루쿠 제도는 '향료의 섬'으로 이름이 높았어. 말루쿠 제도에는 100여 개의 섬이 모여 있는데, 그것은 다시 다섯 구역으로 나뉜단다. 북쪽에는 화산섬인 티도레와 테르나테가 있는데, 16세기에 이 구역을 지배하던 술탄*은 독립을 지키려고 필사적으로 싸웠어. 남쪽으로는 정향이 많이 나는 암보이나와 세람이라는 바위섬이 있어. 그리고

남쪽 끝에는 육두구를 비롯한 향료가 풍부하지만 접근하기가 매우 힘들던 반다 섬이 있지. 웬만한 담력이나 노 젓는 솜씨로는 반다 섬 주변의 험난한 바닷물을 헤치고 상륙할 엄두를 내지 못했단다. 그런데 포르투갈 사람들은 이 다섯 구역 모두에 상륙했고, 무력을 사용해 자신들의 위치를 확실히 다졌지.

당시는 믈라카 술탄국이 세워진 지 100년이 조금 넘는 시점이었어. 믈라카 술탄국은 전성기를 넘긴 상황이었고, 내부적으로는 술탄 자리를 둘러싸고 다툼이 일어날 조짐이 나타났지. 포르투갈은 일단 믈라카 사람들 가운데 중국 사람 등 무슬림이 아닌 사람들을 자기편으로 끌어들였어. 이렇게 술탄국

포르투갈의 배가 고아에서 출발하는 모습을 그린 일본의 기록화이다. 포르투갈은 인도의 고아를 근거지로 삼아 동남아시아와 일본, 중국 등과 교역을 했다.

동인도 제도*
16세기 이후 유럽 사람들이 동남아시아에 진출할 때 이미 알고 있었던 인도 대륙을 기준으로 하여 그 동쪽에 자리 잡은 섬들을 막연히 통틀어 부르던 이름이다. 북아메리카의 서인도 제도와 대응되기도 한다.

최초로 세계 일주에 도전한 마젤란의 초상화이다. 마젤란은 1519년에 다섯 척의 배와 승무원 270명을 이끌고 에스파냐의 세비야를 출발해 아메리카를 거쳐 필리핀까지 항해했다.

내부를 흔들어 놓은 뒤 공격을 시작했지. 결국 두 달 만에 포르투갈은 믈라카 점령에 성공했어. 그 결과 포르투갈은 동서 무역의 권력자로 떠올랐지.

한편, 믈라카에서 쫓겨난 '후계자들'은 말레이 반도 남쪽의 조호르, 북서부의 페라크, 수마트라의 아체 등으로 흩어졌어. 이들은 그곳에서 자리를 잡고 포르투갈과 해상 교역 주도권을 두고 경쟁하기 시작했단다. 여기에 에스파냐, 네덜란드를 비롯한 유럽의 다른 국가까지 해상 교역에 뛰어들었어. 이로써 동남아시아는 유럽 국가들의 영향권 안으로 들어가게 되었지.

그런데 포르투갈이 아시아 진출에 이처럼 적극적이었던 까닭은 무엇일까? 다른 유럽 국가들과 마찬가지로 향료 무역을 독점하려는 욕심 때문이었어. 그리고 포르투갈은 유럽 국가들 가운데 처음으로 동남아시아의 향료 섬에 도달하는 데 성공했지. 이 일은 세계사에 큰 획을 긋는 사건이었단다.

| 마젤란이 필리핀에 도착하다 |

포르투갈이 향료의 섬에 도착했다는 소식이 전해지자, 유럽의 다른 국가들도 앞 다투어 향료 전쟁에 뛰어들었어. 그중에서도 포르투갈과 경쟁하던 에스파냐가 가장 적극적이었어. 그런데 에스파냐는 포르투갈과는 완전히 반

마젤란 일행의 세계 일주 경로를 표시한 16세기 무렵 세계 지도이다. 마젤란 일행은 3년여에 걸쳐 배를 타고 세계 일주에 성공했다.

대 방향인 태평양 쪽으로 뱃길을 잡아 동남아시아에 도착하는 데 성공했어. 이로써 두 강대국은 직접적으로 맞붙는 일을 피할 수 있었지. 이때 에스파냐의 뱃길을 인도한 주인공은 최초로 세계 일주를 했다고 알려진 페르디난드 마젤란이야.

사실 마젤란은 포르투갈 사람이란다. 마젤란은 동인도 제도*를 다녀오는 항해를 무사히 마친 경험이 있을 정도로 항해에 뛰어났어. 하지만 포르투갈의 마누엘 왕은 그의 재능을 알아채지 못하고, 오히려 불법을 저질렀다고 의심하고는 해군에서 해고해 버렸어. 그러자 마젤란은 콜럼버스가 그랬듯이 경쟁국인 에스파냐로 향했어. 그곳에서 마젤란은 카를 5세를 설득했어.

"포르투갈이 독점하고 있는 향료 무역에 도전장을 내밀 수 있는 비장의 카드가 있습니다. 제가 항해할 수 있게 도와주십시오."

카를 5세는 포르투갈을 누를 수 있는 좋은 기회라 여기고는, 마젤란에게 함대의 지휘권을 주었단다. 마누엘 왕과 카를 5세의 엇갈린 선택이 포르투갈과 에스파냐의 운명을 결정지었어. 마젤란을 지원한 덕분에 에스파냐는 태평양을 건너 아시아에 도달하는 항로를 차지할 수 있었거든.

1519년, 마젤란은 항해에 나섰어. 비록 마젤란은 도중에 필리핀 원주민과 싸우다 목숨을 잃었지만, 그와 함께 떠난 함대는 태평양을 건너 동남아시아의 향료 섬에 도착하는 데에 성공했어. 그리고 수많은 향료를 싣고 인도를 거쳐 에스파냐로 돌아왔단다. 마젤란의 함대는 세계를 완전히 한 바퀴 돈 최초의 배였어.

마젤란이 필리핀에 도착한 해는 1521년으로, 포르투갈이 믈라카를 점령한 지 10년이 지났을 때야. 1521년은 에스파냐의 정복 역사에도 중요한 해이지만, 필리핀 역사에서도 대단히 중요한 시점이란다. '필리핀'이라는 나라 이름은 바로 에스파냐의 펠리페 황태자의 이름에서 따온 거란다. 펠리페 황태자는 16세기의 장거리 항해를 지원한 사람으로, 그를 기려서 나라 이름을 지은 거야.

마젤란의 함대가 도착하기 전까지 필리핀은 거의 고립되어 있었어. 필리핀 원주민들은 풍요로운 자연 속에서 자유롭게 살면서 나라를 세우지는 않았어. 바꾸어 말하면, 에스파냐 사람들이 도착하기 전까지 필리핀 원주민들은 대부분 부족 국가 단위로 생활하고 있었어. 이 단위를 '바랑가이'라고 부르는데, 아직도 필리핀에서는 촌락을 가리켜 바랑가이라고 부른단다. 바랑가이란, 말레이계 주민들이 과거 인도네시아에서 필리핀으로 옮겨 올 때 타고 온 배의 이름이야.

비록 마젤란은 필리핀에서 전투 도중 숨졌지만, 그 뒤로 에스파냐가 필리핀을 정복하는 과정은 그런대로 수월한 편이었어. 에스파냐가 아메리카를 정복하는 과정에서 피비린내 나는 비극이 벌어진 데 비하면, 필리핀 정복 과정은 놀라울 만큼 조용했어. 그 까닭은 무엇보다 필리핀 사람들이 별다른 저항을 하지 않았기 때문이야. 당시 필리핀에는 강력한 국가 권력이 없었고, 원주민들은 에스파냐 세력과 크리스트 교를 받아들이는 데에 크게 거부감을 느끼지 않았단다.

에스파냐는 동남아시아로 진출할 계획을 세우면서 세 가지를 얻으려고 했어. 하나는 왕의 영예(glory)이고, 또 하나는 신의 복음(Gods)이고, 마지막은 경제적 이득(gold)이지. 세 가지 모두 영어의 G로 시작해서 3G라고 불러.

결과는 성공적이었단다. 새로운 정복지의 이름을 필리핀이라 지었으니 영예는 충분히 얻었고, 오늘날까지 필리핀이 동남아에서 유일한 크리스트 교 국가로 남았으니 복음 역시 성공적이었다고 볼 수 있지.

그런데 문제는 경제적 이득이었어. 기대한 것과 달리 필리핀에서는 향료가 나지 않았고, 아메리카 대륙처럼 값나가는 자원도 별로 없었지. 가까이 있는 향료의 섬은 먼저 도착한 포르투갈이 권리를 주장하고 있어 쉽게 접근하기가 어려웠어. 그때 에스파냐의 눈에 띈 것이 있었어. 바로 필리핀을 거점으로 한 중개 무역이지.

| 에스파냐의 갈레온 무역이 발달하다 |

에스파냐 사람들은 필리핀에 와서 실망할 수밖에 없었어. 필리핀에서 얻어 갈 자원이 많지 않았거든. 그래서 에스파냐 사람들은 필리핀에서 가까운 명과 교역을 해야겠다고 마음먹었단다. 당시 명은 동아시아 국제 교역의 중심지였으므로, 유럽 국가들은 모두들 명과 직접 교역을 벌이고 싶어 했지. 하지만 그것도 마음대로 되지 않았어. 당시 명은 해금 정책에 따라 조공 무역만 허용했을 뿐, 직접 교역은 하지 않았거든.

직접 무역이 어려우니 또 다른 길을 찾아야 했지. 그래서 대안으로 떠오른 것이 에스파냐의 식민지인 남아메리카와, 아시아 여러 지역의 물자를 필리핀의 마닐라에서 교환하는 중개 무역이었어. 찾아가는 무역에서 기다리는 무역으로 방향을 바꾼 셈이야.

그때부터 마닐라는 명, 일본, 동남아시아, 유럽의 상인들이 분주하게 오가는 중요한 무역 항구로 성장했어. 그리고 여기에서 에스파냐는 명과 간접적으로 교역하는 효과도 거두었어. 동남아시아 각국과 명을 오가는 배에 각종 무역품이 실려 있었거든.

이 무렵 교역품을 싣고 마닐라와 남아메리카를 오가던 에스파냐의 돛단배를 갈레온이라고 불렀어. 그래서 이 과정에서 이루어진 무역도 갈레온 무역이라고 부른단다. 갈레온은 원래 군함으로 개발한 대형 돛단배로, 물건을 많이 실을 수 있을 뿐만 아니라 속도도 빨라 무역하는 데 매우 유용했어. 나중에는 포르투갈을 비롯한 여러 나라가 갈레온을 본떠 배를 만들었지.

멕시코의 아카풀코*에서 출발하는 갈레온에는 주로 은이 가득 실렸어. 보통 2월이나 3월에 출발한 갈레온은 2~3개월 후에 태평양을 건너 마닐라에 도착했지. 멕시코 상인들은 은으로 비단, 도자기, 약재, 차, 향료 등을 구입했어. 아카풀코 항구에는 갈레온 선박이 싣고 온 온갖 상품

아카풀코*
16세기 초에 에스파냐 사람들이 처음으로 방문한 뒤, 항구를 만들었다. 식민지 시대를 통하여 남아메리카의 에스파냐 식민지 및 필리핀으로 가는 항해의 출발점이었다. 은을 수출하고 비단과 향료를 수입하며 번영을 누렸다.

에스파냐 상인들이 필리핀에서 갈레온 무역을 하는 모습이다. 에스파냐는 필리핀을 근거지로 당시 명, 일본 등과 교역을 했다. 아메리카에서 가져온 은을 명의 도자기, 비단 등과 바꾸었다.

이 넘쳐 났어. 1550년에 이 항구가 문을 열었는데, 지금도 그 무렵에 생겨난 중국 음식점이 있단다. 당시 에스파냐 사람들은 태평양을 자신들의 '호수'라고 불렀다는구나. 갈레온 무역이 매우 활발했음을 보여 주는 표현이지.

한편 마닐라에서 짐을 싣고 아카풀코로 돌아갈 때는 올 때와는 다른 뱃길을 이용했어. 갈레온은 일본 근해까지 올리가서 북아메리카로 간 뒤 멕시코로 내려가는 뱃길을 이용했어. 그 바람에 7~8개월이나 걸렸지. 왜 그랬냐고? 증기선이 등장하기 전에는 장거리 항해에 나서려면 계절풍을 이용해야 했기 때문이지.

장거리 항해는 매우 위험한 일이었어. 종종 궂은 날씨를 만나 배가 난파되는 경우도 있었는데, 그러면 투자금을 모두 잃고 파산하기도 했지. 하지만 일단 항해만 무사히 끝나면 엄청나게 큰 이익을 남길 수 있었단다. 위험한 장거리 중개 무역일수록 이윤도 높았어.

하지만 에스파냐의 갈레온 무역은 그리 오래가지 못했단다. 에스파냐의 무적함대*가 영국에 패한 뒤로 에스파냐가 빠르게 약해졌거든. 동남아시아에서 에스파냐와 포르투갈이 힘을 잃은 뒤 그 공백을 메운 나라는 에스파냐의 지배에서 벗어난 새로운 강국, 네덜란드였어. 1650년 무렵에 네덜란드 상인들이 오늘날의 자카르타에 만든 바타비아는, 1500년경 믈라카와 마닐라가 그러했던 것처럼 동남아시아 무역에서 주도적인 역할을 맡았단다.

무적함대*
에스파냐의 펠리페 2세 때 거느린 대함대를 이르는 말이다.
오스만튀르크 함대를 물리치는 등 그야말로 상대가 없는 함대로 이름을 떨쳤다.

클릭! 역사 속으로
세계 일주에 최초로 도전한 마젤란

    1519년, 큰 돛대를 단 배 다섯 척이 남아메리카 맨 아래쪽 바다에 도착했어. 바닷물은 얼음장 같았고 바람이 거칠게 불어서 금방이라도 배들을 삼켜 버릴 듯했지. 노련한 선장 마젤란은 배를 잘 지휘했어. 좁고 구불구불하고 위험한 해협을 간신히 건너자 드넓은 바다가 나타났어.

    모두들 들떠서 소리쳤어.

    "바다다. 우리가 드디어 남아메리카를 넘어섰어!"

    "이제 이 바다만 건너면 향료가 있는 인도에 닿을 거고, 그럼 우린 부자가 될 거야!"

    마젤란도 기쁜 얼굴로 말했어.

    "그래, 이 바다만 건너면 되겠지. 이 평화로운 바다를 태평양이라고 하자."

    하지만 이들은 태평양이 얼마나 넓은 줄 몰랐어. 그 사실을 알았다면 이렇게 기뻐하지만은 않았을 거야. 마젤란과 선원들은 아시아가 나타날 때까지 몇 달 동안 항해를 했어. 물과 식량이 모자라 쥐를 잡아먹고 가죽을 씹으며 허기를 달랬지.

    마침내 필리핀이 나타났어. 하지만 그곳에는 또 다른 불행이 기다리고 있었어. 선장인 마젤란이 그곳에서 죽음을 맞이한 거야. 이런 갖은 고생 끝에 3년 만에 에스파냐로 돌아온 배는 단 한 척뿐이었어. 수백 명이 출발했지만 살아 돌아온 사람은 겨우 열여덟 명이었어.

    비록 마젤란과 선원들은 꿈꾸던 향료를 가득 싣고 돌아오진 못했지만 이들은 지구가 둥글다는 것을 몸소 증명했어. 마젤란은 지도 위에 자신의 이름을 남겼어. 이들이 통과한 남아메리카의 좁은 해협을 마젤란 해협이라 부르게 되었으니까. 또 처음으로 세계 일주를 한 유럽 사람은 바로 마젤란이라고 역사에 남게 되었단다.

국제 교역의 중심지로 떠오른 동아시아

16세기 들어서 유럽 정복자들이 발길을 아시아로 돌리자, 인도양과 태평양은 더욱 분주해졌어. 하지만, 그렇다고 해서 동아시아 국가들의 정책이 크게 달라지지는 않았어. 유럽과 달리 이 시기에 명을 비롯한 동아시아는 안정을 이루고 있었거든. 그리고 이슬람과 유럽 상인들은 명을 상대로 교역을 하고 싶어서 안달이 났지. 무엇이 명을 그토록 매력적으로 보이게 했을까? 명이 국제 교역의 중심을 차지할 수 있었던 이유가 무엇이었는지 함께 살펴볼까?

| 명에서 상업과 수공업이 발전하다 |

유럽 사람들이 한창 동남아시아에 눈독을 들이고 몰려들 때, 명 내부에서는 초기의 안정적이었던 통치 질서가 점차 흐트러지고 있었어. 그런데 그와는 별도로 사회와 경제는 더욱 생동감 있게 발전했단다. 성리학이 시들고 양명학이 널리 유행한 것도 사회의 흐름에 따른 변화였어.

수공업에서도 변화가 일어났지. 명 초기에는 정부가 주도하는 수공업이 대세였지만, 이제는 민간 중심의 도시 수공업이 크게 일어났단다. 이와 같은 변화가 생긴 까닭은 정부가 조절할 수 없을 만큼 인구가 늘고, 경제 규모가 커

명의 부유한 집안 모습이다. 상업과 경제의 발달로 명의 부유한 상인이나 관리들은 사치한 생활을 누릴 수 있었다.

졌기 때문이야. 백성들은 민간이 주도하는 수공업을 통해 더 많은 이익을 얻을 수 있다는 사실을 알았지.

이 무렵 번영을 누린 대표적인 도시가 쑤저우야. 쑤저우는 양쯔 강 하류에 자리 잡은 도시로, "하늘에 천당이 있다면 땅에는 쑤저우와 항저우가 있다."라는 말이 있을 만큼 아름다운 운하 도시였어.

쑤저우는 특히 비단으로 번영을 누렸어. 명 대에는 쑤저우에 직염국이라는 관청을 만들고 황실에서 쓸 고급 비단을 생산했어. 그러다 비단을 찾는 사람들이 점차 늘자, 16세기 중엽에는 베틀을 수십 대씩 갖추고 비단을 짜는 집이 1만 호가 넘었다는구나. 이들은 전문 직공을 수십 명씩 데려다 임금을 주면서 일을 시켰어. 비단 짜

옷을 만드는 명의 수공업자 모습을 그린 기록화이다. 명 시대에는 점차 민간인이 주도하는 수공업이 발달했다. 그 중에서 쑤저우의 비단, 면직물 산업 등은 매우 발달해 베틀을 수십 대씩 갖춘 집이 1만 여 호가 넘었다.

는 일이 공장제 수공업처럼 발전한 거야. 중국의 비단이 서방에 알려지고 인기를 끈 것은 이미 오래전부터지만, 이 시기에 쑤저우에서 짠 비단이야말로 최고 가격에, 최고 인기를 누렸단다.

한편, 남부에 자리 잡은 광둥에서는 제철 기술이 상당히 발전했어. 특히 하루에 2톤 가량의 철을 생산할 수 있는 고로를 개발

오른쪽은 중국의 대표적인 도시인 카이펑의 모습을 그린 기록화이다. 카이펑은 쑤저우와 마찬가지로 송 대부터 상업과 문화가 발달한 중국의 대표적인 도시이다. 아래쪽은 옷감 염색 작업을 하고 있는 명 대 노동자들의 모습이다.

해 하루 종일 가동했어. 고로 하나를 가동하려면 200~300명의 노동자가 함께 일해야 했어. 이 밖에도 철광석을 캐는 노동자 300여 명, 급수 노동자 200여 명, 운반용 소 200여 마리, 운반용 배가 50척에 달했어. 광둥에는 이런 대규모 공장이 수십 군데나 있었어. 16세기 광둥에서 발달한 공장제 수공업은 훗날 영국 산업 혁명 시기의 공장제 수공업과 닮았단다.

이렇게 해서 광둥에서 생산한 철은 전국으로 팔려 나갔어. 그리고 일부는 마카오나 광저우를 통해 네덜란드, 일본, 류큐, 필리핀까지 수출되었어.

수공업이 발달함에 따라 원료를 운반하고, 완성된 제품을 시장까지 옮기는 일도 늘어났어. 그러는 가운데 전국적인 상업망이 만들어졌지. 특히 수도 베이징과, 경제 중심지인 양쯔 강 하류의 도시에는 전국에서 온 상인들의 발걸음이 끊이지 않았지. 그리고 그 사이를 잇는 대운하를 따라 시장과 도시가 수없이 발달했어. 또 상인들은 전국적인 상업망을 형성하고, 정보를 주고받기 시작했어.

이와 같은 거래는 화폐를 통해 이루어졌는데, 도매업의 경우에는 대부분 은을 화폐로 썼어. 그런데 마침 이 무렵 아메리카에서 엄청난 규모의 은광이 발견되었지. 아메리카의 은이 명으로 쏟아져 들어오면서 국제 교역의 규모는 커졌고, 16세기의 세계사 역시 점점 크게 요동치기 시작했단다.

| 세계의 은이 명으로 몰리다 |

주원장은 몽골 세력을 북방의 몽골 초원으로 몰아내고 명을 세웠어. 몽골은 비록 밀려나긴 했지만, 그렇다고 완전히 역사 속으로 사라진 건 아니었단다. 몽골은 초원에서 몸을 추스른 뒤 다시 중국 땅을 차지할 기회를 엿봤어. 그리고 계속 교역에 대한 요구도 했지.

그러다가 16세기 중엽에는 알탄 칸이라는 뛰어난 지도자가 등장해 몽골을 이끌었어. 알탄이 이끄는 몽골군은 만리장성을 넘어 내려와 여드레 동안이나 베이징을 포위해서 명을 긴장시켰어.

사실 만리장성은 몽골의 공격을 막는 데에는 무용지물이나 다름없었어. 그런데도 명은 계속해서 무너진 장성을 고치고, 그곳에 군사를 보내 지키게 했어. 그만큼 북방 유목민의 침략을 두려워했다는 것을 보여 주는 거야. 오늘날 볼 수 있는 만리장성은 진의 시황제 때 만든 게 아니라 명 대에 고쳐 지은 것이란다.

만리장성 재건 사업은 끝없이 나라의 재정을 갉아 먹었어. 장성을 다시 건설하려면 많은 노동력과 벽돌과 돌 따위의 자재가 필요했어. 당연히 세금을 엄청나게 걷어야 했지.

원래 명 초기에는 쌀이나 보리로 세금을 내는 것이 원칙이었어. 그런데 15세기 중반부터 북방 방어를 위해 내는 세금은 은으로 낼 수 있게 되었단다. 그런 뒤로 은이 점차 국가 재정의 주류를 차지해 갔어.

그런데 일반 농민이 은으로 세금을 내려면 추수가 끝난 뒤 거둔 곡식을 은으로 바꾸어야 했어. 이때마다 환전 상인들에게 손해를 보기 일쑤지. 또 은의 가치가 점점 높아져서, 환전할 때마다 손해가 늘었어. 게다가 세금 항목은 복잡하기 그지없어서, 이래저래 필요한 은을 못 구해 세금을 내지 못한 체납자가 늘어났어. 그러자 토지를 버리고 도망가는 사람도 생겨났지.

이렇게 문제가 생기자, 명 정부는 16세기 후반에 각종 세금과 역을 한꺼번에 계산해 은으로 내는 '일조편법'이라는 제도를 마련했어. 세금 제도가 간단해진 동시에, 은 없이는 중국의 경제를 유지하기 힘든 구조가 된 거야.

그렇다면 명은 그 많은 은을 어떻게 마련했을까? 이미 국내에서 생산하는 은만으로 해결하기에는 턱없이 모자란 상태여서, 일본과 아메리카의 은을 들여와야 했어. 특히 아메리카 은이 명에 들어오면서 세계 경제의 흐름이 바뀌기 시작했단다.

1570년을 전후로 해서 아메리카에서 명으로 흘러들어 가는 은의 양이 급속히 늘어났어. 포토시의 은광에서 캔 어마어마한 양의 은이 포르투갈과 에스파냐 상인들을 거쳐 명으로 들어간 거지. 이 무렵 필리핀에서 에스파냐로 보낸 보고서에는 이런 기록이 있어.

"해마다 필리핀에서 30만 페소의 은이 중국으로 흘러들어가 올해는 50만 페소에 이르렀다. 명의 상인들은 필리핀에서 은을 가지고 가고, 한번 빠져나간 은은 다시는 이 지역으로 돌아오지 않는다."

영국과 네덜란드의 동인도회사들은 에스파냐에서 얻은 은괴를 싣고 와서 명의 품질 좋은 도자기를 사 갔지. 오늘날 유럽의 박물관을 돌아다니다 보면 명의 도자기들을 쉽게 볼 수 있는데, 대부분 이 무렵에 사들인 것들이야.

16세기 후반부터 17세기 전반에 걸쳐 명은 마치 블랙홀처럼 세계의 은을 왕창 흡수해 버렸어. 1500~1800년 사이에 아메리카 은광에서 캐낸 은 가운데 4분의 3가량이 명과 청으로 들어갔다는구나. 어떤 학자는 16세기 후반에 아메리카에서 명으로 흘러들어 간 은이 2,100~2,300톤, 17세기 전반에는 약 5,000톤에 이를 것이라고 말한단다. 비단과 도자기 등 경쟁력 높은 상품을 쥐고 있던 명이 전 세계 은 유통을 주도한 거야.

그러자 에스파냐에서 아메리카로 건너가 정착한 사람들은 은을 매개로 한 교역에 뛰어들었어. 이들 에스파냐계 멕시코 상인들은 마닐라를 중개 무역의 거점으로 삼아, 은을 지불하고 명의 비단과 도자기 등을 수입했지. 이들 덕분에 아메리카 은이

술술 명으로 흘러들어 갔고 말이야. 그러자 에스파냐 왕실은 걱정하기 시작했어.

"명의 비단을 사느라 은을 너무 쏟아 붓는군. 이러다간 다른 데 쓸 은이 모자라겠어."

사실 에스파냐 왕은 아메리카의 은이 왕실 소유라는 생각을 갖고 있었어. 은이 빠져나가는 것을 아깝게 여긴 에스파냐 왕은 아메리카 백성들에게 명의 비단옷을 입지 말라는 명령을 내리기도 했지. 그리고 은이 빠져나가는 것을 막기 위해 필리핀과 아메리카의 무역을 금지하기도 했어.

하지만 일단 돈 맛을 본 상인들의 욕심과, 은이 필요한 명의 요구를 억누르기엔 힘이 모자랐어. 유럽이 아메리카 대륙에서 엄청난 부를 얻긴 했지만, 세계 경제의 중심은 여전히 명을 중심으로 한 아시아에 있었던 거야.

| 일본이 황금의 섬으로 알려지다 |

중국의 은 수요를 채워 준 또 다른 나라는 일본이었어. 일본에서는 1526년에 이와미 은광을 발견한 뒤로 이쿠노, 사도 등에서 차례로 은광을 개발했어. 그러면서 일본은 세계적인 은 생산국으로 발돋움했지.

일본은 은을 조선과 명과 무역하는 데에 썼어. 16세기 초까지만 해도 조선이 명으로 은을 밀수출했는데, 1530년대에 들어서부터는 일본에서 은광이 많이 개발되어 일본 은이 조선으로 많이 흘러들어 갔어. 그런데 16세기 중반부터 조선 정부가 일본과의 무역을 제한하려고 은의 수입을 엄격히 금지하자 일본 상인들은 명으로 방향을 틀었어.

당시 일본 상인들은 은을 명의 생사와 교환했어. 생사는 비단을 짜는 데 필요한 삶지 않은 명주실인데, 일본은 은이 풍부한 대신 생사가 부족했거든. 그런데 사실

화승총*
화승이란 불을 붙이는 데 사용하는 노끈으로, 화승총은 이 노끈에 불을 붙여 총열에 잰 화약을 터뜨려 탄알을 발사하는 구식총이나.

담배*
남아메리카의 마야 제국과 아스텍 제국 사람들이 종교 행사나 제사 때 피운 것으로 알려져 있다. 크리스토퍼 콜럼버스가 아메리카 대륙에 상륙한 후 유럽에 전했다. 아시아에는 포르투갈 상인들을 통해서 필리핀으로 처음 들어왔고, 그 뒤 중국 남부 지역을 통해 대륙으로 퍼졌다.

일본 상인들이 은을 수출하는 것은 법을 어기고 몰래 하는 밀무역이었어. 명 정부는 해상 무역에 제한을 두는 정책을 고집하면서, 조공이 아닌 민간 무역은 모두 금지했거든. 하지만 이러한 금지 정책에 저항하고 밀무역을 벌이는 무리들이 있었어. 그 가운데 한 집단이 왜구였는데, 이들의 세력은 점차 커졌단다.

일본에 은이 풍부하다는 사실은 유럽에도 알려졌어. 그것은 일본에 포르투갈 선박이 표류하면서부터야. 1498년에 바스구 다 가마가 배를 타고 인도에 도착한 뒤, 포르투갈 사람들은 무역을 위해 계속해서 항해에 나섰어. 1510년에는 군사와 무역의 거점을 고아로 옮겼으며, 1년 뒤에는 믈라카를 점령하고 향료 무역에 뛰어들었지. 그리고 마침내 1514년에 최종 목적지였던 명에 도착했어. 하지만 명과 직접 교역을 벌일 수는 없었단다.

그러던 차에 1543년 포르투갈 상인들의 배가 규슈 남쪽의 다네가 섬에 우연히 닿았어. 이로써 일본과 포르투갈이 처음으로 접촉을 하게 된 셈이야. 이 만남을 통해 포르투갈 상인들은 일본에 화승총*을 전해 주었고, 일본에서 은이 많이 난다는 희소식을 얻었어.

에도를 방문한 류큐 왕국의 사절들 모습을 그린 기록화이다. 류큐 왕국은 오늘날의 오키나와에 있었던 나라로, 일찍부터 남중국, 동남아시아와 교역을 하며 경제적인 번영을 누렸다. 일본의 바쿠후 정부는 류큐 왕국을 통해 동남아시아에서 필요한 물건들을 사들였다.

이후 포르투갈 상선은 매년 규슈 곳곳의 항구에 나타났는데, 이는 어디까지나 일본의 은을 얻기 위해서였어. 포르투갈 사람들은 경제적 이익을 얻으러 왔다는 사실을 굳이 감추지 않았단다. 그들은 카스텔라, 담배* 등을 가지고 와서 일본의 은과 바꾸기를 바랐어. 그러나 일본 상인들의 반응은 시큰둥했어.

　"우리에게 필요한 것은 카스텔라나 담배 따위가 아니오. 우리에게는 명의 비단과 생사가 필요하오."

　그러자 포르투갈 상인들은 명에서 비단과 생사를 값싸게 구입해 일본에 가져와 은과 교환했단다. 당시 포르투갈 상인이 이러한 중개 무역으로 얻은 이익은 유럽에 향료를 운반해 주고 얻은 이익보다 훨씬 컸다는구나.

　포르투갈과 무역을 벌이는 가운데 일본은 유럽에 '황금의 섬'으로 알려졌어. 이 소문은 유럽 사람들의 호기심을 부추겨서, 일본에 가려는 사람들이 늘어났어. 에스파냐 상인들은 포르투갈보다 6년 늦은 1549년에, 네덜란드 상인들은 이보다 한참 늦은 1600년에 각각 일본에 찾아왔단다.

　한편, 일본 사람들은 포르투갈과 에스파냐 상인들과 벌인 무역을 '남만 무역'이라고 불렀어. 남만이란 '남쪽 오랑캐'라는 뜻이지. 남만 무역을 하면서 외래어가 일본어에 뿌리내리기 시작했어. 지금도 쓰는 갓파(비옷), 덴푸라(튀김), 가보차

일본 규슈 지역의 대표적인 항구 도시인 나가사키의 모습을 그린 기록화이다. 일본이 포르투갈과 무역을 시작하면서 나가사키는 대표적인 무역항이 되었다. 그리고 일본이 유럽의 문화를 받아들이는 주요한 창구가 되었다.

(호박), 다바코(담배), 카스텔라 등의 단어가 이 시기 들어온 말이야.

16세기 말이 되자 일본은 세계 은 생산량의 3분의 1에 달하는 많은 은을 생산하게 되었어. 그 가운데 상당량이 명으로 들어갔고, 이는 은을 중심으로 돌아가는 명의 경제에 큰 도움을 주었단다. 16세기 후반에 명으로 흘러들어 간 일본 은의 총량은 1,200~1,300톤, 17세기 전반에는 2,400톤가량 되었다고 해.

이렇게 16세기 무렵에 명과 일본은 국제 교역의 중심을 차지했어. 그리고 동아시아 교역은 명의 생사와 일본의 은이 유럽 상인들을 매개로 교환되는 방식으로 이루어졌단다.

클릭! 역사 속으로
명을 새롭게 일으킨 개혁 정치가, 장거정

1568년, 명 황제에게 장거정이라는 사람이 보낸 글이 하나 도착했어. 황제가 읽어 보니 이런 내용이 적혀 있었어.

'천하의 기세는 몸에 비유할 수 있다고 합니다. 사람이 살아 있다고 믿어지는 것은 바로 혈기 때문입니다. 혈기가 멈추지 않고 흐르면서 사지를 덥히고 혈액을 돌게 해 귀와 눈이 또렷해지고 손발이 편안해지면서 해가 없어지는 것입니다. 혹 막혀서 혈기가 순환하지 못하면 종기가 생기거나 붓고, 마비가 오는 등 병이 생깁니다.
제가 지금 우리나라를 돌아보건대, 혈기가 막힌 병과 부스럼, 마비 증상이 있습니다. 지금 때를 놓쳐 치료하지 않는다면 훗날 치료가 어려울까 걱정입니다.'

바로 명의 개혁을 주장하는 글이었어. 지금 나라를 바로잡지 않으면 나라가 큰 병이 걸려 몰락할 수도 있다는 뜻이었지. 장거정의 말대로 200여 년을 이어 온 명은 겉보기에는 안정적이었지만, 안으로는 관리들만 배가 부르고 농민은 헐벗으며, 국경을 잘 수비하지 못해 불안한 상태였어.

평범한 한 백성이 보낸 이 글은 크게 주목을 받지 못했어. 당연히 개혁안도 실시되지 못했지. 몇 년 뒤 장거정은 과거에 합격하고 차츰 높은 자리에 올랐고, 1572년 47세 때는 새로운 황제가 가장 믿는 신하가 되었지.

그는 명나라의 개혁을 시작했어. 밖으로는 주변의 민족들을 잘 타일러 국경을 침범하지 못하게 했고, 안으로는 관리들의 성적을 매겨 잘 다스리게 했어. 또 복잡한 세금을 간단하게 정리해서 백성들의 불편과 부담을 줄여주었어. 이처럼 장거정이 여러 방면으로 개혁을 시도하자 다른 관리들은 싫어했지만, 장거정은 개혁을 멈추지 않았어.

그리고 10년 동안에 걸친 장거정의 개혁으로 명의 살림살이는 풍요로워졌단다.

은이 세계 경제를 움직여요

16세기~17세기 사이에 전 세계 교역망은 하나로 통합되었어. 그러면서 세계 경제는 빠르게 발전했어. 유럽 국가들의 발전은 가장 두드러졌지. 그렇지만 세계 경제의 중심에는 아시아의 인도와 중국이 있었어. 인도와 중국은 다른 나라들에 비해 풍부한 자원과 인구, 앞선 생산 기술을 갖고 있었기 때문이지. 두 나라가 생산한 값싸고 질 좋은 도자기,

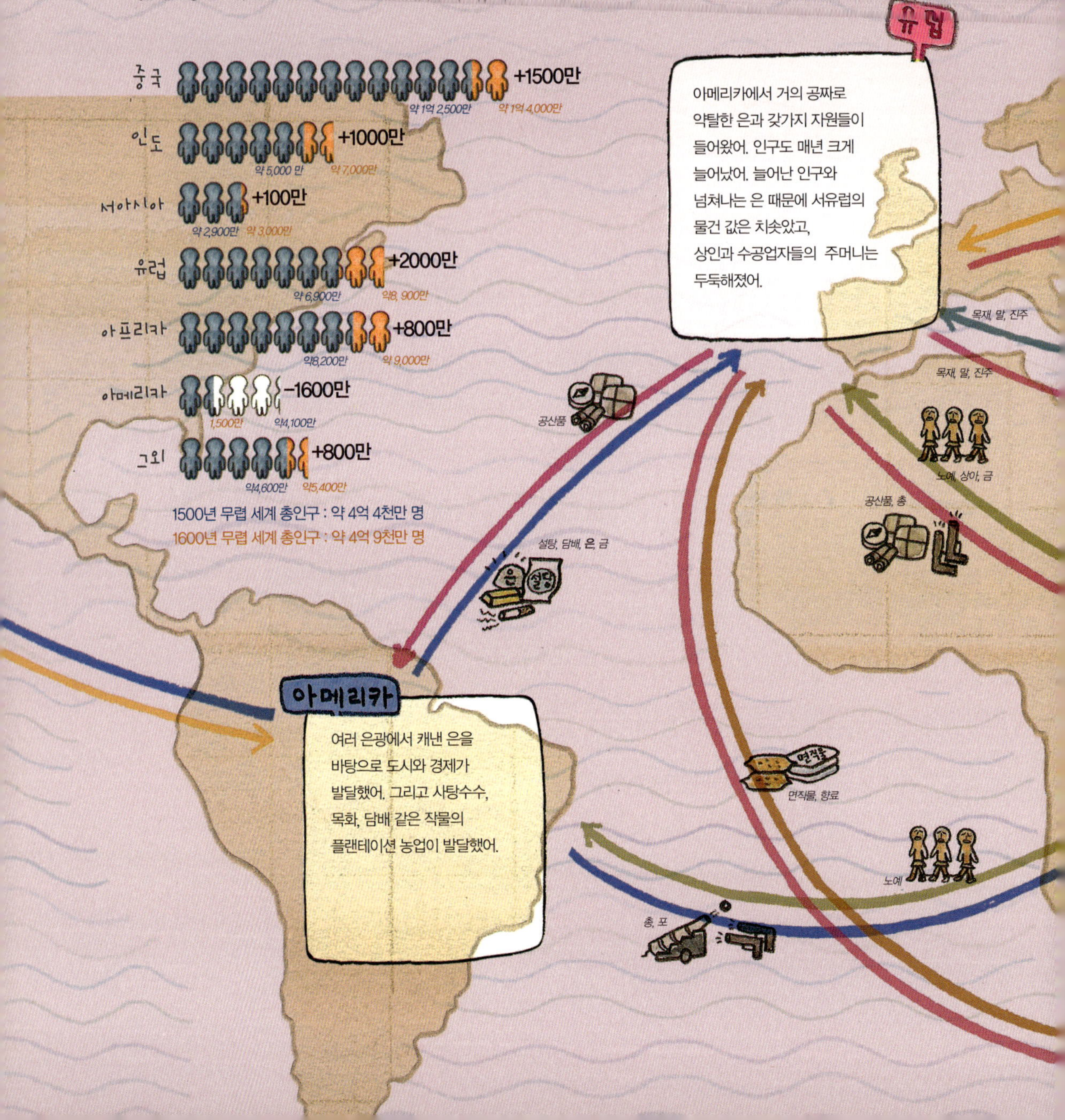

중국 +1500만
약 1억 2,500만 약 1억 4,000만

인도 +1000만
약 5,000만 약 7,000만

서아시아 +100만
약 2,900만 약 3,000만

유럽 +2000만
약 6,900만 약 8,900만

아프리카 +800만
약 8,200만 약 9,000만

아메리카 -1600만
1,500만 약 100만

그외 +800만
약 4,600만 약 5,400만

1500년 무렵 세계 총인구: 약 4억 4천만 명
1600년 무렵 세계 총인구: 약 4억 9천만 명

유럽
아메리카에서 거의 공짜로 약탈한 은과 갖가지 자원들이 들어왔어. 인구도 매년 크게 늘어났어. 늘어난 인구와 넘쳐나는 은 때문에 서유럽의 물건 값은 치솟았고, 상인과 수공업자들의 주머니는 두둑해졌어.

아메리카
여러 은광에서 캐낸 은을 바탕으로 도시와 경제가 발달했어. 그리고 사탕수수, 목화, 담배 같은 작물의 플랜테이션 농업이 발달했어.

목재, 말, 진주
목재, 말, 진주
공산품
노예, 상아, 금
공산품, 총
설탕, 담배, 은, 금
면직물, 향료
노예
총, 포

비단, 면직물, 철강 제품은 이 무렵 가장 활발하게 교역이 이루어진 대표적인 상품들이야.

한편 16세기 무렵부터 중국 정부는 은으로 세금을 걷기 시작했어. 그러면서 중국에서 은의 수요가 크게 늘었단다. 유럽 국가와 일본 상인들은 자신들의 은을 들고 중국으로 몰려들었지. 중국 정부는 이들에게 은을 사들이고 중국의 값싸고, 질 좋은 물건들을 팔았단다. 그러면서 세계 경제는 은을 중심으로 짜이게 되었단다. 이제 이 무렵 세계 경제의 모습을 살펴보자꾸나.

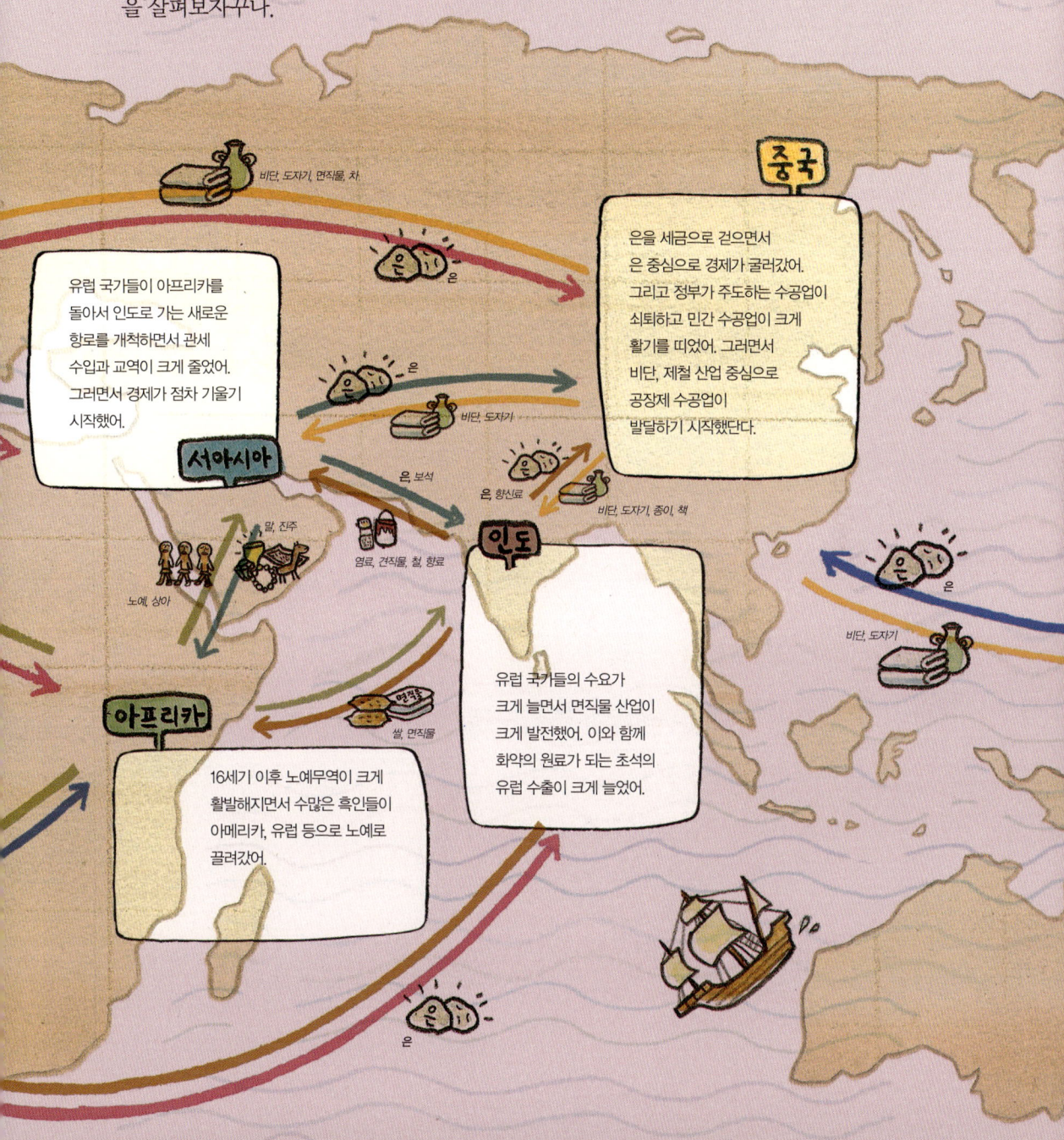

4 치열한 경쟁과 새로운 질서

1550년 ~ 1600년

세계적인 교역망이 확대되자, 유럽은 본격적으로 아시아 진출에 나섰어. 그러자 교역로를 둘러싼 경쟁은 더욱 치열해졌지. 교역로 다툼에서 이긴 나라는 강대국으로 성장한 반면, 경쟁에서 밀리면 나라의 위상도 함께 떨어졌단다. 그래서 유럽 국가들은 나라의 운명을 걸고 동아시아를 향한 교역로를 차지하기 위해 애썼어.

교역로를 둘러싸고 세계 질서가 재편되는 과정에서 화약과 대포가 큰 역할을 했어. 즉, 강력한 무기를 앞세운 나라가 해전에서 승리하면, 교역을 이끌어 나라의 힘을 더욱 키울 수 있었던 거야. 그러는 가운데 일찌감치 신항로를 개척한 포르투갈과 에스파냐는 기울어 갔고, 네덜란드, 프랑스, 영국이 새로운 강자로 떠올랐단다.

그런데 유럽 국가들은 돈을 버는 것 못지않게 크리스트교를 퍼뜨리는 것도 중요한 사명으로 생각했어. 특히 에스파냐는 일본과 중국에 크리스트 교를 전파하는 데 큰 역할을 했어. 그 과정에서 일본에 총포도 함께 전해졌고, 이는 동아시아 국제 질서에 큰 파장을 불러왔어.

유럽 최고의 강국이 된 에스파냐

에스파냐 역사에서 16세기는 황금시대였어. 에스파냐는 아메리카에서 약탈한 금과 은을 바탕으로 최고의 번영을 누렸어. 그리고 강력한 군사력을 앞세워 유럽 최고의 강대국으로서 유럽을 이끌었지. 하지만 에스파냐의 번영은 오래가지 못했어. 한순간에 기울어 빠르게 약해지고 있었지. 그럼, 에스파냐가 유럽 최강국으로 번영을 누리다가 한순간에 기울어 간 과정을 살펴볼까?

| 에스파냐가 유럽 최고의 강국으로 이름을 떨치다 |

16세기 중반, 펠리페 2세가 다스린 에스파냐는 유럽에서 가장 부유하고 활기찬 나라였어. 펠리페 2세를 이야기하기 전에 그의 아버지 카를 5세 이야기부터 들려주어야겠구나.

카를 5세는 신성 로마 제국 황제의 아들과 에스파냐 왕의 딸 사이에서 태어났어. 그 덕분에 부모에게서 네덜란드, 에스파냐와 나폴리, 에스파냐가 아메리카에 세운 식민지를 물려받았지. 그리고 1519년에 신성 로마 제국의 황제가 되었어.

그런데 이 무렵은 루터가 가톨릭 교회의 부패를 비판하며 종교 개혁의 목소리를 높이던 때야. 카를 5세는 가톨릭의 수호자를 자처하며 루터와 종교 개혁 세력을 탄압했어. 그래서 그는 개신교를 지지하는 프랑스와 독일의 제후들과 싸우며 전쟁터에서 평생을 살다시피 했단다.

하지만 그 과정에서 적을 너무 많이 만들고 말았어. 결국 나이가 들어서는 적들에 둘러싸여 힘을 잃고 고립되고 말았지. 크

신하들을 거느리고 행진하는 펠리페 2세의 모습을 그린 벽화이다. 펠리페 2세는 오스만튀르크 해군을 레판토에서 물리치고, 포르투갈을 손에 넣는 등 에스파냐 최고의 전성기를 이끌었다.

게 낙심한 그는 아들인 펠리페 2세에게 에스파냐를, 동생인 페르디난트에게 에스파냐를 뺀 나머지 땅을 물려준 뒤 황제 자리에서 물러났단다.

펠리페 2세가 황제가 되고 보니, 국고는 텅텅 비어 있었어. 카를 5세가 전쟁에 막대한 비용을 쏟아 부었기 때문이지. 그래서 펠리페 2세는 국고를 다시 채우는 데에 온 힘을 쏟았어.

"오스만튀르크 제국이 지배하는 지중해를 손에 넣는다면 에스파냐의 재정을 살찌울 수 있을 텐데……."

펠리페 2세는 이처럼 지중해를 노렸지. 그러던 중 마침내 좋은 소식이 들려왔어. 오스만튀르크 제국의 술탄인 셀림 2세가 베네치아와 사이가 틀어지자 군대를 보내 베네치아를 공격한 거야. 그러자 베네치아의 지도자는 교황에게 구원을 요청했어. 교황 피우스 5세는 이렇게 결정을 내렸단다.

"베네치아의 지중해 무역권을 지켜 주는 동시에 오스만튀르크 제국이 더는 유럽의 크리스트 교 세계를 넘보지 못하도록 하겠다. 이를 위해 신성 동맹이라는 군사 동맹을 만들겠다."

이렇게 해서 신성 동맹이 만들어졌고, 여기에 에스파냐 해군

은 핵심 역할을 맡아 참여했단다.

　1571년 10월 7일, 에스파냐 해군을 중심으로 신성 동맹의 함대가 꾸려졌어. 오스만튀르크의 함대와 신성 동맹 함대는 지중해의 레판토 만 입구에서 맞닥뜨렸어. 십자가가 새겨진 형형색색의 깃발을 단 신성 동맹 함대가 208척, 초승달 문양이

에스파냐가 중심이 된 신성 동맹군과 오스만튀르크의 해군이 맞붙은 레판토 해전을 그린 기록화이다. 1571년에 에스파냐, 베네치아, 로마 교황의 크리스트 교 연합 함대는 그리스의 레판토 항구 앞바다에서 오스만튀르크 제국의 함대와 싸워서 이겼다.

그려진 오스만튀르크 함대가 230여 척이었어. 함대의 수만 비슷한 것이 아니라, 병사들의 사기도 그야말로 막상막하였어.

하지만 다른 점이 있었단다. 신성 동맹군은 강력한 대포와 소총으로 무장한 거야. 전쟁이 시작되자 신성 동맹군 함대의 대포는 강력한 화력을 내뿜었고, 병사들의 소총 역시 큰 위력을 발휘했지. 또 신성 동맹군의 배는 오스만튀르크의 배보다 날렵하고 튼튼했어.

결국 레판토 해전은 신성 동맹군의 승리로 끝이 났어. 이 해전에서 에스파냐와 이탈리아 병사 8,000여 명이 죽었고, 부상자 수는 그 두 배에 달했지. 하지만 오스만튀르크는 그보다 세 배가 넘는 병사를 잃었어. 당시 신성 동맹 측 부상자 가운데에는 『돈키호테』의 작가인 세르반테스[*]도 있었어. 그는 이때 부상을 입어 평생 왼팔을 쓰지 못했다고 해.

레판토 해전은 오스만튀르크에 큰 타격을 입혔단다. 그때부터 지중해는 오스만튀르크의 호수가 아니었어. 그 뒤로 오스만튀르크는 두 번 다시 지중해에서 해상 주도권을 잡지 못했단다. 오스만튀르크는 바다에서 힘을 잃은 뒤 서쪽을 향한 유럽 팽창을 멈추었어. 그 대신 육로를 통해 폴란드와 러시아 지역으로 팽창을 시도했지.

그 밖에도 레판토 해전에는 몇 가지 의의가 더 있단다. 이 전투는 기원전 31년에 옥타비아누스와 안토니우스 사이에 벌어진 악티움 해전[*] 이후 최초로 벌어진 대규모 해전이었어. 그뿐만 아니라 바다에서 오스만튀르크의 침투에 맞서 유럽 크리스트교 세계를 지켜 낸 결정적 사건이었단다.

세르반테스[*]
에스파냐의 소설가이자 극작가이다. 에스파냐가 오스만튀르크와 싸운 레판토 해전에 참가하여 부상을 당하고, 알제리에서 노예 생활을 하기도 했다. 당시 에스파냐의 기사 이야기를 재미있게 그린 『돈 키호테』의 작가로 유명하다.

악티움 해전[*]
로마 제국의 옥타비아누스와 안토니우스가 로마의 주도권을 두고 바다에서 벌인 전쟁이다. 이 전쟁에서 옥타비아누스가 승리를 거두었다. 그 뒤 옥타비아누스는 로마 제국 최초의 황제가 되었다.

에스파냐가 해가 지지 않는 제국이 되다

포르투갈은 바스쿠 다 가마가 인도로 가는 항로를 발견한 뒤로 향료 교역을 독점했어. 그래서 16세기 초까지 100년 가까이 한껏 번영을 누렸지. 돈이 넘쳐 나자, 포르투갈의 왕실과 귀족들은 온갖 사치품을 사들이며 호화로운 생활을 즐겼단다.

그런데 16세기 중반에 접어들면서 변화가 생겼어. 향료 값이 떨어지기 시작한 거야. 거기에는 몇 가지 원인이 있었어. 먼저, 포르투갈이 매년 유럽에 들여오는 향료의 양을 늘렸기 때문이야. 그리고 예부터 향료 무역을 해 온 이탈리아 상인들도 홍해와 아라비아를 거치는 옛 무역로를 통해 향료 무역에 뛰어들면서 유럽 시장에 향료가 넘쳐 났지.

이렇게 향료 값은 점점 떨어졌지만, 향료 무역에 들어가는 돈은 도리어 늘어났어. 경쟁자들이 늘어남에 따라 무역로를 단단히 지켜야 했는데, 그러느라 군대 규모를 늘리고, 요새를 새로 짓는 일 따위에 돈을 많이 썼거든.

이처럼 수입은 줄고 지출은 늘어 갔지만, 포르투갈의 왕실과 귀족들은 사치스러운 생활을 계속해 나갔지. 결국 포르투갈은 다른 나라에서 돈을 빌려 와야 했어. 그동안 벌어 놓은 돈은 불어나는 빚과 이자를 갚느라 네덜란드나 프랑스 등으로 빠져나갔어. 포르투갈은 갈수록 가난해졌지.

그러던 참에 포르투갈이 지배하던 북아프리카의 모로코에서 반란이 일어났어. 모로코 사람들은 대부분 무슬림이었는데, 가톨릭 국가인 포르투갈의 탄압에 시달리며 살다가 마침내 들고일어난 거야.

포르투갈의 왕은 10만 명이 넘는 대군을 이끌고 진압에 나섰어. 그러자 이슬람 제국인 오스만튀르크가 군대를 보내 모로코를 도왔단다. 결국 반란은 포르투갈과 오스만튀르크의 전쟁으로 번졌어. 이 전쟁에서 포르투갈은 크게 패했고, 전쟁 중에 포르투갈의 왕마저 전사하고 말았어. 그러자 포르투갈 내부에서는 누가 왕이

에스파냐의 무적함대를 그린 기록화이다. 펠리페 2세가 만든 무적함대는 200여 척의 함선, 수병 8,000여 명, 육군 2만여 명, 2,000여 문의 대포로 이루어진 대함대였다.

될 것인지를 두고 귀족들 사이에 다툼이 일어났지. 그때 이를 지켜보던 에스파냐의 펠리페 2세는 얼른 군대를 이끌고 가서 포르투갈을 점령해 버렸단다. 이로써 에스파냐와 포르투갈의 영토는 하나로 합쳐졌어.

 100년 넘는 기간 동안 에스파냐와 포르투갈은 각각 세계의 동쪽과 서쪽으로 뻗어 나가 넓은 땅을 정복했지. 그래서 포르투갈과 합쳐진 에스파냐는 이제 아시아의 필리핀, 아프리카 해안과 내륙의 식민지, 아메리카까지 아우르는 드넓은 제국이 되었어. 이것은 세계 역사상 최초로 해가 지지 않는 제국이었단다.

 펠리페 2세 시대에 에스파냐 왕궁에는 해외 식민지로부터 엄청난 양의 은과 금이 들어왔어. 바야흐로 에스파냐가 최고의 전성기를 맞은 거야.

그렇지만 에스파냐의 황금시대는 불과 50년도 가지 못했어. 첫 번째 이유는, 전 세계에 걸쳐 있는 영토를 다스리는 데 필요한 군대와 관료를 유지하는 데 엄청난 비용이 들었기 때문이야. 그리고 네덜란드와 영국과 전쟁을 벌였다가 잇달아 패하는 바람에 큰 타격을 입었지. 그 뒤로 에스파냐는 점차 힘을 잃었고, 네덜란드, 영국 등에 유럽 최고 강국의 자리를 내주고 말았지.

에스파냐는 왜 엄청난 부를 지키지 못했을까? 먼저, 에스파냐 왕실과 귀족의 사치를 한 가지 원인으로 꼽을 수 있어. 또 대포나 총 같은 전쟁 무기와 군수품을 엄청나게 수입하느라, 나랏돈이 대부분 외국으로 빠져나간 것도 큰 원인이었지. 이 때문에 에스파냐는 갈수록 가난해진 반면, 무기를 판 영국이나 네덜란드 등은 갈수록 부유해졌지. 부유해진 영국과 네덜란드는 그 돈으로 산업을 발전시켜 에스파냐를 제쳤단다.

또, 에스파냐의 왕들은 국내 경제 개발에 힘을 쏟지 않았어. 돈이 넘치니, 필요한 물건은 돈을 주고 다른 나라에서 사들이면 된다고 생각한 거야. 따라서 에스파냐의 수공업과 기술 수준은 매우 낮았어. 농업과 수공업의 경쟁력이 갈수록 떨어지자, 농민과 수공업자들은 몰락해 버렸단다.

한 가지 이유가 더 있어. 에스파냐 정부는 넓은 영토에 사는 다양한 민족을 하나로 묶지 못했어. 에스파냐 정부는 지나치게 가톨릭 교를 앞세웠으며, 다른 종교의 자유는 인정하지 않았단다. 이 때문에 종교 문제를 둘러싼 다툼이 끊이지 않았고, 그 결과 힘이 흩어져 버렸지.

| 예수회가 가톨릭 종교 개혁 운동을 이끌다 |

에스파냐는 유럽의 크리스트 교 국가들 중에서도 가톨릭 교를 지지하는 분위기

에스파냐의 종교 재판 모습을 그린 기록화이다. 에스파냐는 가톨릭 교의 세력이 매우 강해, 가톨릭 교에 도전하는 세력이나 사람을 종교 재판에서 엄격하게 다뤘다.

인문주의*
유럽의 르네상스 시대에 이탈리아에서 발생하여 널리 퍼졌다. 가톨릭 교회의 권위와 신 중심의 세계관으로부터 인간을 해방시키고, 인간의 존엄성 회복과 문화적 교양의 발전에 노력하였다. 인본주의, 휴머니즘이라고도 한다.

가 무척 열렬했어. 아메리카 대륙을 정복할 때도 원주민들에게 크리스트 교 전파를 통치의 구실로 내세웠던 것 기억나지?

그런데 16세기 중반 들어서 에스파냐 가톨릭 내부에서도 종교 개혁 운동이 일어났어. 이를 이끈 세력은 1540년에 창립된 예수회였어.

예수회를 처음 만든 사람은 이그나티우스 로욜라야. 로욜라는 원래 군인이었는데, 팜플로나 전투에서 포탄에 맞아 중상을 입는 바람에 군대를 떠나야 했어. 절망에 빠져 있던 로욜라는 신앙 서적과 위인전을 찾아 읽기 시작했어. 그러다가 마침내 '그리스도의 병사'가 되겠다고 마음먹었지.

로욜라는 사제가 되기 위해 교육을 받았어. 그리고 파리 대학교에서 공부하다 알게 된 프란시스코 사비에르 등 여섯 명과 함께 예수회라는 수도회를 만들었지. 예수회의 초대 총장은 로욜라가 맡았으며, 곧 교황의 승인도 받았단다. 그 뒤 예수회는 군대식 조직과 엄격한 규율을 바탕으로 가톨릭의 변화, 즉 가톨릭 방식의 종교 개혁에 앞장섰어.

예수회는 르네상스의 인문주의*적 전통과 관련이 많았어. 로욜라가 여섯 명의 동지를 만난 곳도 인문학이 발전한 파리 대학이었고, 로욜라 스스로도 그리스도를 제대로 알리려면 고전을 깊이 공부해야 한다고 강조했지.

예수회의 또 다른 특징은 교육과 학문을 통해 봉사와 선교 활동을 벌이는 것이었어. 예수회는 여러 방면에서 학문적 성취를 이루었는데, 이는 곧 예수회의 근본적인 힘이었지. 이것은 유럽 고등 교육 발전에도 크게 기여했어. 또 예수회 선교사들은 동아시아에 진출해 서양 역법과 과학 지식 등을 전해 주었는데, 이것도 학문적 기초가 탄탄했기에 가능한 일이었어. 이러한 전통은 지금까지 이어져서, 오늘날에도 예수회는 전 세계 100여 국가에 진출해서 200개가 넘는 대학을 세워 운영하고 있지.

예수회는 교육과 학문을 통해 광범위하게 활동하면서 가톨릭 교회의 개혁에 불을 지폈단다. 트리엔트 공의회에서 시작된 가톨릭 내부의 반성 속에서 예수회 활동은

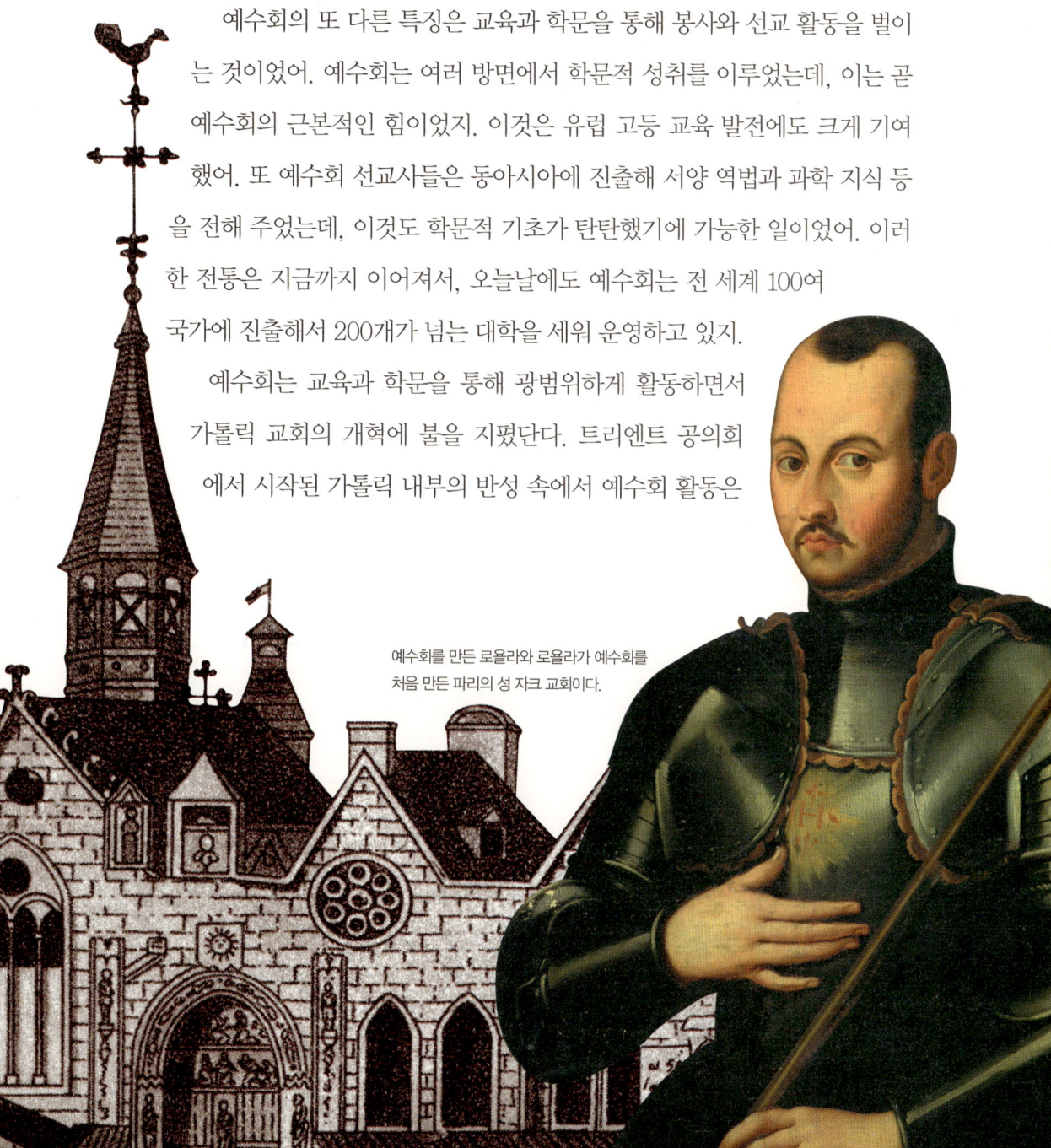

예수회를 만든 로욜라와 로욜라가 예수회를 처음 만든 파리의 성 자크 교회이다.

더욱 빛을 발했어.

이러한 변화는 에스파냐의 세력 확대와 함께 해외로도 퍼져 나갔어. 그들은 오로지 예수회 총장의 명령을 받아 '신의 섭리에 따라 주검과 같은 몸을 던져' 미지의 세계로 나아갔어. 예수회의 해외 진출을 시간 순서로 살펴보면, 1547년에 콩고, 1548년에 모로코, 1549년에 일본과 브라질, 1557년에 에티오피아, 1560년에 멕시코, 페루, 캐나다 등등이야. 신앙을 위해 어려움을 무릅쓰고 전 세계로 나아간 셈이야.

예수회 총장은 로마 본부에 지구본을 곁에 두고 앉아서, 세계 각지에서 보내온 보고문을 읽으며 새로운 명령을 내렸어. 그리고 해외 선교사들은 보고문을 보낼 때 발신지의 위도와 경도를 정확하게 기록해야 했단다. 항해 기술과 상업의 발달이 예수회의 활동을 뒷받침해 주었음은 물론이지. 이처럼 세계를 무대로 한 움직임은 에스파냐를 비롯해 유럽의 가톨릭 신자들에게 한 편의 드라마처럼 보였을 거야.

● 클릭! 역사 속으로
『돈키호테』를 지은 세르반테스

흰머리가 성성한 세르반테스는 감방 안을 왔다 갔다 했어. 은행가에게 속아서 자신이 거둔 세금을 몽땅 빼앗겨 감옥에 갇힌 일이 처음에는 몹시 분했어. 하지만 살면서 수많은 일을 겪은 세르반테스는 그 일을 곧 잊고 다른 일을 해 보기로 결심했어.

'그래, 사람들이 그동안 내게 책을 써 보라고 했지. 이렇게 시간이 많은 때 책을 써야겠어. 기사 이야기가 좋을 것 같아. 멋진 기사가 아니라 터무니없는, 정신 나간 기사 이야기를 써야지. 아마 재미난 이야기가 될 거야.'

세르반테스는 간수에게서 펜과 종이를 받아 든 뒤 정신없이 글을 쓰기 시작했어. 이렇게 해서 유명한 소설 『돈키호테』가 탄생했어.

1547년에 태어난 세르반테스는 자신이 쓴 소설보다 더 파란만장한 삶을 살았어. 어렸을 때는 떠돌이 의사인 아버지를 따라다니며 마차에서 살았지. 그러면서 농부부터 성직자까지 다양한 사람을 만났지. 이들이 세르반테스에게는 학교나 마찬가지였어. 이들에게 농작물을 키우는 방법부터 에스파냐 어를 읽고 쓰는 법, 라틴 어와 철학까지 배웠지. 또 사람을 대하는 진실한 태도와 누구와도 허물없이 지내는 친절한 마음을 배웠어.

청년이 된 세르반테스는 군대에 들어갔다가 왼팔을 다치고, 배를 타고 가다가 해적에게 잡혀 알제리에서 노예가 되기도 했단다. 간신히 집에 돌아온 뒤 세금을 걷는 관리가 되었지.

세르반테스의 삶은 편안하고 행복하지는 않았어. 하지만 그에게는 어려운 일을 당하면 자신만의 재치와 유머로 넘길 수 있는 여유가 있었어. 이런 유머는 『돈키호테』에도 그대로 드러나 있단다. 어렵게 살던 민중부터 높은 귀족까지 우스꽝스럽지만 인간다운 기사 이야기를 읽으며 웃어 대곤 했어.

그래서 『돈키호테』는 진정으로 인간을 인간답게 표현한 최초이자, 최고의 소설이라고 평가받는 위대한 작품으로 남아 있단다.

동아시아에 전해진 유럽 문명

16세기 들어서 포르투갈과 에스파냐는 동아시아 진출을 놓고 경쟁을 벌였어. 그리고 위기를 맞은 가톨릭의 부흥을 부르짖으며 선교 활동을 펼치는 데에서도 앞을 다투었단다. 그런데 선교 활동의 승자는 일찌감치 판가름이 났어. 예수회를 비롯한 수도회를 중심으로 자발적으로 선교를 실천해 온 에스파냐가 일본과 명의 문을 먼저 두드렸기 때문이지.

유럽 선교사들의 방문은 단순히 크리스트 교 역사에서만 의미가 있는 것이 아니란다. 이들의 선교 활동은 당시 동아시아와 유럽 사이에 이루어진 문화 교류의 역사적인 한 페이지를 장식했어. 그럼, 동아시아와 유럽이 만나는 과정과 그에 따른 영향들을 살펴보자꾸나.

| 일본이 유럽 문명과 접촉하다 |

에스파냐의 펠리페 2세가 오스만튀르크의 함대를 물리치고 지중해를 누비던 시절, 일본에서는 전쟁과 혼란으로 어지럽던 전국 시대가 서서히

정리되어 갔어. 오다 노부나가가 무로마치 바쿠후를 무너뜨리고, 그 기세를 몰아 다른 세력들을 하나, 둘 정복해 나갔어. 그런데 이때 노부나가에 강력하게 맞선 세력이 있었어. 바로 백성들 사이에서 영향력이 큰 불교 세력이었지. 이들은 노부나가가 모든 권력을 한 손에 쥐려고 한다면서, 끈질기게 저항했단다.

노부나가는 군대를 앞세워 이들을 진압하는 동시에, 무력이 아닌 다른 방법이 없을까 궁리했어.

"요새 백성들 사이에서 가톨릭이 인기를 끌고 있던데, 가톨릭을 적극적으로 밀어 주어 세력을 키우게 해야겠다."

새로운 종교인 가톨릭의 세력이 커지면 불교의 영향력이 줄어들 거라고 생각한 거야. 이와 같은 노부나가의 지원 덕분에 가톨릭은 순조롭게 퍼져 나갔어. 1582년까지 70여 명의 가톨릭 선교사들이 일본에서 선교 활

일본에 도착한 포르투갈 배의 모습을 그린 기록화이다.

동을 펼쳤는데, 그들은 200개가 넘는 교회를 세우고 15만 명이 넘는 가톨릭 신자를 만들었다는구나.

15만 명이라면 당시 일본 인구의 1퍼센트 정도에 해당하는 수야. 어찌 보면 얼마 안 되는 적은 수이지만, 명이나 조선의 가톨릭 신자에 비하면 꽤 많은 수였지.

일본에 가톨릭이 처음 전해진 것은 1549년 무렵인데, 그 뒤 100여 년 동안 가톨릭은 일본에서 꽤 세력을 떨쳤단다. 당시 일본 사회는 남녀 차별이 심하고, 신분 제도가 엄격했어. 그런데 가톨릭은 하느님 앞에서 모든 사람이 평등하다고 주장하면서 백성들의 마음을 사로잡았지. 그리고 나중에는 지위가 높은 다이묘*와 그의 가족들까지 가톨릭을 받아들였단다. 그래서 1620년 무렵에는 가톨릭 교도의 수가 60만~70만 명에 이르렀지.

일본에 가톨릭을 퍼뜨리기 시작한 사람은 에스파냐의 선교사인 사비에르야. 사비에르는 에스파냐의 귀족 가문 출신으로, 인문학의 중심지인 파리 대학교에서 공부하던 시절 로욜라를 만나 함께 예수회를 만들었어. 이후 사비에르는 교황의 특사가 되어 동방 선교의 사명을 띠고 인도와 믈라카 지역에서 선교 활동을 지휘하다가 일본으로 건너왔어.

사비에르가 처음부터 일본으로 갈 생각을 한 것은 아니라고 해. 그런데 인도에서 선교가 뜻대로 펼쳐지지 않을 무렵, 마침 난파를 당해 믈라카에 머물고 있던 야지로라는 일본 사람을 만났어. 그리고 야지로의 안내를 받아 일본 땅을 밟게 됐단다.

사비에르가 처음 간 곳은 사츠마라는 지역이었어. 그곳에서는 1년도 안 돼 추방당했지만, 그 뒤로도 여기저기를 돌아다니

다이묘*
무사 계급으로서 그 지방의 행정권, 사법권, 징세권을 가졌으며 군사 사무도 독립적으로 처리했다. 16세기에 일본에서 봉건 영주와도 같은 독립 세력으로 성장했다.

일본에 가톨릭 교를 전한 사비에르의 모습을 그린 기록화이다. 사비에르는 일본에 가톨릭 교를 비롯해 유럽 문명을 전해 주었다.

며 전도 여행을 이어 갔단다. 야마구치에 최초의 교회를 세우기도 했지. 1551년에 명으로 떠나기 전까지, 사비에르의 선교로 개종한 사람의 수가 약 1,000명에 달했어. 일본에서 사비에르가 이룬 업적은 이후 예수회가 아시아에서 선교를 벌이는 데 중요한 바탕이 되었어.

그런데 일본 사람들은 초기에 가톨릭 교리를 쉽게 이해하지 못했어. 유럽 사람들과는 생각하는 방식이 달랐을 뿐만 아니라, 문화와 정서가 너무나 달랐기 때문이지. 더러는 크리스트 교를 불교의 한 갈래 정도로 여기기도 했다고 해.

하지만 사비에르 이후로도 선교사들이 계속 찾아오면서, 일본 사람들도 조금씩

해금 정책
다른 나라와의 교역, 어업 따위를 금지하는 정책이다. 국내의 치안을 유지하고 밀무역을 단속하며, 외교적인 분쟁을 피하는 것이 목적이다.

새로운 문명에 눈을 뜨기 시작했어. 또 당시 유럽에서 발명한 자명종 같은 진귀한 물건들을 보면서 유럽에 대한 관심을 키웠지. 어떤 다이묘들은 선교사들이 가져온 진귀한 선물에 넘어가 선교 활동을 허용하기도 했단다. 이렇게 해서 일본에 유럽 문명이 조금씩 흘러들기 시작했어.

그런데 유럽 문명을 전한 것은 선교사들뿐만이 아니었어. 상인들도 큰 역할을 했지. 특히 그들이 일본에 전한 화포와 화승총 따위의 무기는 이후 역사의 흐름을 크게 바꾸어 놓았단다.

| 명에 유럽의 가톨릭과 문명이 전해지다 |

명을 세운 주원장은 해금 정책*을 펼쳤는데, 이 정책은 오랜 세월 동안 엄격하게 지켜졌어. 그런데 16세기 중반 들어서 해금 정책이 조금씩 허물어지기 시작했어. 그러면서 몇몇 항구에서는 다른 나라와 제한적이나마 교역을 벌이기 시작했단다.

그러자 기다렸다는 듯, 유럽

아래쪽은 명에 가톨릭 교를 전한 마테오 리치(왼쪽)와 그에게 가톨릭 교와 유럽 자연 과학 사상을 전수받은 서광계(오른쪽)를 그린 그림이다. 위쪽은 베이징에 있는 마테오 리치 묘의 비석이다.

의 가톨릭 선교사들이 명의 문을 두드렸어. 이 가운데에는 일본에 가톨릭 교를 퍼뜨린 사비에르도 있었어. 하지만 사비에르는 채 꿈을 펼치지 못한 채 1552년에 세상을 떠났어. 그리고 그해에 태어난 마테오 리치가 훗날 명의 선교에 성공한단다.

이탈리아에서 태어난 마테오 리치는 1571년 예수회에 들어가 수학, 천문학 등을 배웠어. 예수회는 서양 과학 문물을 소개하면서 간접적으로 크리스트 교를 전파하는 방식으로 선교를 했어. 이에 따라 리치 역시 최고의 교육을 받은 거야.

리치는 포르투갈의 진출 경로를 따라 선교 활동에 나서서, 인도의 고아에서 4년 동안 머물렀어. 그는 중국어로 읽고 쓰고 말하는 공부를 하는 등 만반의 준비를 했지. 그러고는 포르투갈이 근거지로 삼고 있던 마카오를 거쳐 광둥으로 들어갔어.

당시 예수회의 선교 전략은 토착 문화와 종교를 존중하는 한편, 높은 계급에 있는 사람을 먼저 접촉하는 '위에서 아래로'의 방식이었어. 사비에르가 일본에서 선교 활동을 할 때 다이묘에게 접근해 성공을 거둔 경험이 있어서, 비슷한 방식을 취한 거지.

리치 역시 이 전략을 따랐는데, 그는 명에 도착한 뒤 맨 먼저 세계 지도 만드는 일을 시작했어.

"세계 지도를 명의 지식인들에게 먼저 소개해 주어 그들의 관심을 이끌어 내야겠다. 이것은 명을 세계의 중심이라고 생각하는 그들의 세계관에 큰 충격을 던져 줄 것이다."

이와 같은 의도에 따라 리치는 1583년에 「곤여만국전도」라는 세계 지도를 만들었어. 그리고 이듬해에는 좀 더 정교한 방식으로 「산해여지전도」를 만들었지. 그의 예상대로 세계 지도는 명의 지식인들 사이에서 큰 관심을 불러일으켰단다. 이로써 리치는 명의 지식인들과 교류를 넓히는 한편, 그들로부터 유교적 지식도 얻었단다.

그런데 이때 리치는 중요한 탈바꿈을 시도했어. 명에 들어올 때 입었던 불교 승려의 옷을 벗고, 유교를 따르는 사대부의 옷으로 갈아입은 거야. 명의 지식인층이 불교 승려가 아니라 유교 지식을 갖춘 사대부라는 것을 깨달았기 때문이지. 이렇듯 리치는 무조건 가톨릭을 강요하려는 식으로 접근하지 않았어. 그는 명의 문화와 접촉점을 찾는 데에 먼저 힘을 기울였지.

리치는 가톨릭의 교리를 명 사람들에게 가르쳐 주기 위해 중국어로 『천주실의』라는 책을 썼어. 리치는 이 책에서 가톨릭 교의 '하느님'을 유교 경전에 등장하는 '상제'로 표현했어. 그리고 유교의 가르침에 빗대어 가톨릭을 알기 쉽게 설명했어. 『천주실의』는 훗날 조선에도 전해졌고, 조선 사대부들이 가톨릭에 눈을 뜨는 계기가 되었지. 이처럼 예수회의 선교 활동은 아시아와 유럽 사이의 문화 교류에도 큰 역할을 했단다.

이렇게 노력을 기울인 결과, 리치는 1601년에 베이징에서 명의 황제를 만날 수 있었어. 그러고는 베이징에 머물러도 좋다는 허락을 얻었지. 리치는 1610년에 베이징에서 숨졌는데, 그때 명의 가톨릭 교도는 2,500명가량으로 늘었다는구나. 그 뒤 신도 수는 더욱 빠르게 늘어서, 17세기 중반에는 15만 명에 달했지. 17세기 초에 일본의 가톨릭 교도 수인 60만~70만 명에 비하면 물론 작은 수지만 말이야.

이처럼 16세기에는 명을 선교하는 일을 예수회가 독점하다시피 했어. 그런데 예수회의 선교 방식에는 특징이 있었어. 어떤 이는 예수회의 시대를 가리켜 '바로크 문화의 시대'라고 한단다. 바로크는 '균형이 잡히지 않은 진주' 혹은 '찌그러진 보석'이란 뜻이야. 즉, 명쾌한 균형미를 갖춘 르네상스 양식과 달

도미니크회[*]
1216년에 성 도미니쿠스가 설교를 통해 영혼을 구제하기 위한 목적으로 설립한 탁발 수도회이다. 정통 신앙을 옹호하고 신학의 학문적 중요성을 인식하였으며 복음의 세계적인 전파를 목적으로 한다.

프란체스코회[*]
1209년에 아시시의 성자 프란체스코가 세운 수도회가 기원이다. 이들은 거리의 설교자로서 궂은 노동으로 생계를 유지하며 사람들에게 간단한 설교를 하고 가난한 사람이나 병이 든 사람, 특히 나병 환자들을 돌보는 데 힘을 쏟았다.

리, 바로크는 복잡하고 화려한 것을 특징으로 하지. 예수회의 선교 활동이 바로크 문화와 닮았다는 것은 신앙 생활 중에 멋진 형상이나 성상이 강조되었다는 것을 뜻해.

예를 들어, 예수회 신부들은 명 고유의 신앙에 나오는 여신의 이미지와 성모 마리아의 석상이 혼합되더라도 크게 문제 될 것이 없다고 여겼어. 그것이 명에 가톨릭 신앙을 뿌리내리는 데에 도움이 된다고 생각했지. 비슷한 관점에 따라 명 사람들이 조상에 제사를 지내는 것에 대해서도 리치는 전혀 문제 삼지 않았단다.

그런데 17세기 초반부터 이를 두고 논란이 벌어졌어. 이 무렵에는 도미니크회*나 프란체스코회* 등 다른 선교회도 명에 들어왔는데, 이들이 예수회의 선교 방식에 문제가 있다고 주장한 거야.

"예수회의 선교 방식은 신앙의 순수성을 잃게 한다."

이런 비판이 이어졌고, 결국 17세기 중반에 교황청은 유교의 제사 의식을 인정하지 않는다고 결론을 내렸어. 이 일 때문에 가톨릭 교는 18세기 초반부터 중국에서 포교의 자유를 잃었단다.

총포가 일본에 전해지다

일본이 전국 시대를 보내고 있던 1543년, 포르투갈 상인을 태운 명의 배가 규슈 남쪽의 다네가 섬에 도착했어. 이것이 유럽과 일본의 첫 접촉이었어. 이때 포르투갈 상인은 일본에 잘 보이려고 총포를 전해 주었어. 이 일은 동아시아 역사의 흐름을 크게 바꾸어 놓았단다.

사실 화약과 대포, 총의 등장에는 세계의 교류가 얽혀 있어. 화약 만드는 기술을 발명한 것은 송이야. 이것이 이슬람 세계로 전해져서 초보적인 화기가 등장했지. 그리고 이슬람 세계를 통해 화약을 받아들인 유럽이 14세기 전반기에 대포를 만들어 냈고, 대포는 다시 이슬람 세계와 명으로 전해졌어. 16세기에는 명, 인도의 무굴 제국, 오스만튀르크 등 아시아와 유럽 전체가 총포 생산 기술을 갖추었단다.

화기의 등장으로 유목민의 영향력이 크게 줄어들었어. 유목민의 장기는 말을 타고 민첩하고 용맹하게 싸우는 것이야. 그러나 유목민의 기마 부대도 먼 거리에서 날아오는 총탄이나 대포알 앞에서는 힘을 쓸 수 없었지.

그 결과 유목민들의 침략이 잦아들었고, 아시아의 정주민 지역은 안정을 찾아 갔어. 반면에 유럽은 더욱 시끌시끌해졌어. 이 무렵 유럽은 아직 사회가 안정되지 않았어. 그래서 종교, 영토나 재물을 둘러싼 싸움이 잦았단다. 여기에 화기가 도입되자, 유럽의 국가들이 경쟁적으로 화기를 사용하면서 끊임없이 전쟁을 벌였기 때문이지.

이와 같은 '화약 혁명' 때문에 유럽에서는 봉건 기사와 영주의 군사적 역할이 크게 줄었어. 그리고 새로운 중앙 정부는 화기 제작을 위해 재정을 큰 폭으로 늘렸어. 이때 중앙집권화에 성공한 정부가 군사력에서도 앞서 갔단다.

포르투갈과 에스파냐는 배에 화포를 싣고 다니면서, 이방인과 맞닥뜨리면 화포를 써서 쉽게 무너뜨렸지. 예를 들어 포르투갈 함대는 16세기 초에 아라비아의 디우 항 앞바다에서 규모가 훨씬 큰 무슬림 함대와 싸워 크게 이겼어. 그러면서 인도양에서 강자로서 힘을 떨쳤지.

포르투갈은 고아, 믈라카, 호르무즈와 같이 전략상 중요한

일본 무사들이 전쟁터에서 싸우는 모습을 그린 기록화이다. 그림의 왼쪽 구석에 화승총을 든 일본 병사의 모습이 보인다. 포르투갈이 전한 화승총과 대포는 일본의 전투 방식에 큰 변화를 가져왔다.

곳에 해군 기지를 만들었어. 이때 그들의 선박에는 화포가 설치되어 있었지. 명에도 화포는 있었지만, 해군 선박에 화포를 싣는 것이 일반화된 것은 한참 뒤의 일이었어.

다시 일본이 포르투갈 상인을 만나 총포를 접하던 장면으로 돌아가 보자꾸나. 물론 그 전에도 일본 사람들은 화기를 접한 적이 있었어. 13세기 말에 일본을 침입한 원이 화약을 썼어. 또 해적 활동을 하던 왜구도 중국이나 조선의 해안에서 날아오는 화포 공격을 자주 받았지. 그러나 그 기술을 배울 기회는 없었어.

그런데 포르투갈 상인들은 일본에 화승총을 팔 생각으로 그것을 순순히 건네주었어. 게다가 그 화승총은 정확도가 매우 뛰어나서 감탄스러울 정도였어. 포르투갈 상인들에게서 화승총을 구입한 뒤로 일본에서는 전쟁 방식과 성곽 쌓는 방식이 크게 변해 갔어.

총포를 처음 본 지 10년도 안 되어 서일본의 다이묘들은 서양의 무기를 욕심껏 사들였어. 또 일본의 직공들은 그것을 복제하기에 이르러서, 대량으로 만들어 냈어. 그리고 1558년에 일본 역사에서 처음으로 대포를 실전에 사용했지.

1575년에는 노부나가가 3,000명의 화승총 부대를 이끌고 무적으로 이름 높던 다케다 신겐의 기병 부대와 싸워 이겼고, 노부나가는 일본 통일의 기반을 마련할 수 있었지. 일본의 통일 전쟁에 있어서 총포가 큰 전환기를 제공했던 거야.

총이 전쟁에서 결정적 역할을 하자, 다이묘들은 총구멍을 갖춘 넓은 성벽에 해자를 두른 성을 쌓기 시작했어. 해자는 적들의 접근을 막으려고 성벽 주위에 만드는 물길이야. 그런데 이런 성을 쌓으려면 엄청난 돈이 들어서, 결국 세력이 큰 다이묘들만 남고, 세력이 작은 다이묘들은 모두 사라졌어. 총과 대포의 수입이 일본의 통일을 몇 십 년은 앞당긴 셈이야. 그리고 일본은 통일 이후 더욱 강해졌지.

이처럼 일본은 명보다 훨씬 적극적으로 유럽 문명을 받아들이고, 재빨리 따라갔단다. 그 결과 얼마 뒤 일본의 총과 화포를 다루는 능력은 동아시아에서 가장 앞서게 되었어. 이렇게 되자 일본의 도요토미 히데요시는 화승총으로 무장한 일본군을 앞세워 조선을 침략하였고, 동아시아는 전쟁의 소용돌이에 휘말리게 된단다.

● 클릭! 역사 속으로

자명종을 든 선교사, 마테오 리치

1601년, 어느 날 명 황제 앞으로 한 신하가 작은 시계를 조심조심 들고 가져갔어. 황제는 처음 보는 신기한 자명종을 한참이나 들여다보고는 소리가 나게 하라고 했어. 옆의 신하들이 이리저리 만져 보았지만 소리가 나지 않았지. 며칠 뒤에야 황제는 시계가 울리는 소리를 들을 수 있었어.

황제는 자명종이 아주 마음에 들었어. 그래서 명령을 내렸지.

"이 시계를 가져온 사람이 서양에서 온 리마두라고 했지? 이곳 베이징에는 원래 서양 사람이 머무를 수 없지만 그 사람은 머물게 허락한다."

리마두는 마테오 리치의 중국식 이름이야. 마테오 리치는 자명종 덕분에 그토록 바라던 대로 죽을 때까지 베이징에 머무를 수 있었어.

그런데 마테오 리치는 왜 베이징에 살고 싶어 했을까? 1552년에 이탈리아에서 태어난 마테오 리치는 열아홉 살에 예수회라는 크리스트 교 수도회에 들어갔어. 그러고는 로마 대학에서 공부했지. 이때 마테오 리치는 신학과 철학뿐만 아니라 수학, 천문학, 지리학, 미술 같은 여러 가지 최신 학문을 배웠어. 그 뒤 크리스트 교를 널리 퍼뜨리려고 아시아로 건너갔어.

그러나 명으로 들어가기는 어려웠어. 당시 명은 외국과의 교류를 원하지 않았거든. 마테오 리치는 명에 선교를 하려면 먼저 중국어와 한자를 알아야 한다고 생각해서 한자를 익혔어. 뒤에는 과학과 지리학 같은 서양의 학문을 중국어로 옮겼어. 또 베이징에서는 『천주실의』라는 책을 써서 가톨릭 교를 아시아 곳곳으로 퍼뜨렸어.

유럽에서 가져온 신기한 물건들과 이런 노력으로 마테오 리치는 명에 깊숙이 들어가 유럽 문화와 종교를 퍼뜨릴 수 있었어. 마테오 리치 덕분에 명은 딱딱한 껍데기를 깨고 유럽에 대한 관심을 키워 갔고 아시아의 다른 나라들도 차츰 유럽으로 눈을 돌렸단다.

에스파냐를 뒤쫓는 두 나라

15~16세기에 유럽 사회는 르네상스와 종교 개혁 운동을 거쳤는데, 그러면서 혼란과 무력 충돌도 자주 겪어야 했어. 그러나 그것이 결코 헛되지는 않았단다. 그 과정에서 유럽 사회는 돈과 인력, 재능을 동원하는 힘을 크게 키웠고, 왕권을 강화했어. 르네상스와 종교 개혁 운동을 거치며 근대 유럽이 조금씩 모습을 드러낸 거야.

그런데 시간이 흐를수록 유럽 국가들의 세력 구도가 점차 바뀌어 갔어. 초반에 세력을 떨치던 포르투갈과 에스파냐가 점차 힘을 잃은 반면, 영국, 프랑스, 네덜란드가 새로운 강자로 떠오른 거야. 그 변화의 과정을 살펴볼까?

| 영국의 엘리자베스 1세가 무적함대를 격파하다 |

1558년, 25세의 엘리자베스 1세가 영국의 왕위에 올랐어. 당시 영국은 안팎으로 위험에 놓여 있었어. 안으로는 가톨릭과 개신교가 끝없이 다투었고, 밖으로는 프랑스, 스코틀랜드와 갈등을 빚었지.

"젊은 여왕이 어떻게 이 혼란을 잠재울

영국의 엘리자베스 1세의 초상화이다.

수 있겠어? 남편 없이는 불가능한 일이야."

백성들은 엘리자베스 1세의 지도력을 의심하며 이렇게 걱정했어. 하지만 이것이 기우에 불과했다는 것이 차차 드러났어.

엘리자베스 1세가 다스린 45년 동안 영국은 비교적 평화로웠으며, 경제도 크게 발전했어. 여왕은 빈민법을 만들어 일자리가 없는 사람들을 지원했어. 또 화폐를 통일하고, 수공업자들의 공장 설립을 지원하는 등 적극적으로 상공업 장려 정책을 펼쳤지. 그에 따라 제철과 섬유 산업이 크게 성장했단다.

엘리자베스 1세 시절, 영국 의회의 모습을 그린 기록화이다.

이처럼 경제가 발전해 풍요로워지자, 왕실과 상인들은 멀리 있는 땅을 탐험하거나 에스파냐의 보물선을 약탈하는 모험가들을 지원하기 시작했지. 해적 출신의 해군 사령관인 드레이크가 활약한 것도 바로 이 시기였어.

영국은 적극적으로 해외 진출을 시도하는 과정에서 당시 인도양과 태평양을 누비며 최고의 전성기를 누리던 에스파냐와 충돌을 빚었어. 영국과 에스파냐 사이에 갈등이 생긴 직접적인 계기는 1585년에 일어났어. 네덜란드 북부 지역에서 에스파냐에 대한 저항이 일어나자, 엘리자베스 1세가 군대를 보내 네덜란드를 편들어 준 거야. 여기에는 종교 개혁 문제가 얽혀 있어. 그동안 에스파냐의 지배를 받아 온 네덜란드가 독립을 외친 것도, 영국이 네덜란드를 도와준 것도 모두 가톨릭 세력의 지배로부터 벗어나려는 종교 개혁의 영향이거든.

에스파냐의 펠리페 2세는 화가 나서 음모를 꾸몄어. 영국 안의 가톨릭 세력을 부추겨서 엘리자베스 1세를 쫓아내고, 그녀의 언니인 메리를 왕위에 올리려는 계획을 세운 거야. 그러나 엘리자베스 1세가 이를 알아채고 반란 음모에 가담했다는 이유로 메리를 체포한 뒤 사형에 처했단다. 화근을 아예 없애 버린 거야.

위기를 넘긴 엘리자베스 1세는 그 이듬해에 에스파냐와 한판 전투를 벌였어. 이때 엘리자베스 1세는 드레이크를 비롯한 모험가들을 격려하고 사기를 북돋아 주었어. 이 모험가들은 여왕에 대

16세기 무렵 영국의 드레이크가 타던 배이다. 해적 출신인 드레이크는 엘리자베스 1세에게 발탁되어 에스파냐의 무적함대를 물리치는 데 큰 공을 세웠다.

영국 해군이 에스파냐의 무적함대를 물리친 해전을 그린 기록화이다.

한 충성과 열정으로 전쟁에 뛰어들었지.

그런데 상대인 에스파냐 함대는 '무적함대'라고 불릴 만큼 막강한 힘을 자랑했어.

"영국과 에스파냐가 붙었다고? 에스파냐가 개척한 항로를 졸졸 따라다니거나, 에스파냐의 보물선을 약탈하던 영국이 무적함대를 어떻게 이기겠어?"

사람들은 무적함대의 승리를 점쳤지. 그런데 결과는 정반대였어. 영국 함대가 무적함대를 거뜬히 물리친 거야. 더더욱 사람들을 놀라게 만든 것은 무적함대의 규모는 함선 125척에 해군 1만 7,000명이었는데, 영국 함대의 규모는 함선 105척에 1,500명에 불과했다는 거야.

무엇이 영국 함대에 승리를 안겨 주었을까? 두 가지 이유를 꼽을 수 있는데, 하나는 무기와 전술의 차이였지. 에스파냐의 무적함대는 당시까지 유행하던 전술 방

식, 즉 배를 상대편의 배에 갖다 붙인 뒤 그 배에 올라가서 싸우는 방식을 고집했어. 하지만 대포를 쏘는 영국 해군 앞에서 그런 전술은 아무 소용이 없었어. 영국 함대는 멀리 떨어져서 대포를 쏜 뒤, 다시 빠르게 뒤쫓아 가서 포탄을 퍼부었어. 이렇게 해서 작은 규모로도 무적함대를 이길 수 있었던 거야.

날씨도 영국을 도와어 에스파냐의 무적함대가 리스본을 출항할 때부터 전투가 벌어지는 내내, 심지어 후퇴할 때까지 줄곧 바람이 에스파냐에 불리하게 불었다고 해. 그래서 영국인들은 이 바람을 '프로테스탄트 바람'이라고 불렀다는구나.

결국 한때 최강을 자랑하던 에스파냐의 무적함대는 초라한 모습으로 간신히 리스본으로 돌아갔어. 그리고 에스파냐를 물리친 영국은 더욱 빠르게 성장을 거듭했단다.

| 영국의 경제와 문화가 발전하다 |

에스파냐의 무적함대를 물리친 뒤로 영국은 거침없이 발전을 향해 나아갔어. 16세기 말에 상인들이 동인도회사를 만들자, 엘리자베스 1세는 동인도회사에 무역 독점권을 허락했어. 그런 다음 동인도회사를 앞세워 인도양 교역에 적극적으로 나섰어. 이때 엘리자베스 1세가 무굴 제국의 황제인 악바르에게 직접 교역을 요청해 허락을 얻기도 했단다. 또 영국은 네덜란드, 에스파냐와 경쟁하는 가운데 동남아시아에서 세력을 넓혀 갔어.

한편, 이 무렵 영국에서는 아메리카 탐험 바람이 불었어.

1585년에 영국 탐험대는 아메리카의 로어노크 섬에 상륙해서, 그곳에 버지니아라는 이름을 붙였어. 버지니아는 처녀를 뜻하는데, 평생 결혼하지 않고 독신으로 산 엘리자베스 1세를 기념하려고 붙인 이름이야. 영국 탐험대의 아메리카 진출은 계속 이어져서, 1607년에는 북아메리카에 최초의 식민 도시인 제임스타운을 건설했어. 이렇듯 엘리자베스 1세는 영국이 '해가 지지 않는 나라'로 성장할 수 있게끔 기초를 마련했단다.

영국의 발전이 두드러짐에 따라 수도인 런던도 급속도로 성장했어. 불과 50년 만에 인구가 두 배로 늘어났어. 농사를 짓던 농민들이 일자리를 찾아 도시로 몰려들었기 때문이야. 이제 런던은 인구 20만 명이 사는 대도시가 되었지.

하지만 인구가 갑작스레 늘어난 탓에 도시 환경은 썩 좋지 않았어. 인구에 비해 집이 모자라서, 여러 사람이 좁은 집에서 부대끼며 살아야 했어. 또 거리는 쓰레기와 오물로 덮여 지독한 냄새가 났고, 도로는 질척거리는 데다가 사람, 마차, 말이 늘 붐볐어. 거리 사정이 이렇다 보니, 런던을 가로지르는 템스 강이 중요한 교통로로 이용되었어. 템스 강 곳곳에 나루터가 생겼고, 템스 강 위에는 왕실 소유의 대형 화물선부터 상인들의 조그만 거룻배까지 수많은 배가 떠다녀 장관을 이루었어.

이 무렵 런던의 유행은 매우 빨리 변해 정신이 없을 정도였어. 다른 나라와 활발하게 교역을 벌여서 새롭고 진귀한 것들이 하루가 멀다 하고 들어왔기 때문이지. 독일에서는 역마차가 들어왔고, 인도에서는 면직물이 쏟아져 들어와 사람들의 옷차림을 바꾸어 놓았어. 또 세계 각지에서 들어온 먹을거리는 사람들의 식탁을 풍성하게 만들었지.

경제적인 번영은 곧 문화와 예술의 발전으로 이어졌어. 이전까지만 해도 영국의 문화 수준은 그리 높지 않았어. 그런데 상업과 교역으로 부를 쌓은 도시 상류층들이 각종 예술가들을 고용해 음악과 미술을 배우면서 그들만의 교양을 쌓아 갔지. 이 덕분에 예술가들의 생활이 안정되었고, 예술가의 수도 늘었어. 그러면서 영국의 문화와 예술의 수준은 크게 높아졌단다.

16세기에는 특히 연극이 영국 서민들의 큰 사랑을 받았어. 런던 교외에는 '더 시어터'라는 최초의 상설 극장이 들어섰지. 더 시어터가 큰 성공을 거두자 여기저기에 잇달아 극장들이 들어섰어. 극장마다 극단을 운영했는데, 도시 관객들을 유혹하려면 늘 새로운 연극을 개발해 무대에 올려야 했어. 런던의 화려한 상설 극장에서는 매일 웅장한 연극의 막이 올랐고, 객석은 거의 언제나 관객들로 가득 찼지. 관객들은 배우들의 연기를 보며 함께 울고 웃는 가운데 도시 생활의 고단함을 잠시나마 잊을 수 있었단다.

이 무렵 활동한 극작가들은 중세부터 내려온 도덕극의 전통에 생기와 강렬함을 더했어. 이것이 바로 엘리자베스 1세 시대

셰익스피어와 셰익스피어가 지은 희극 「베니스의 상인」을 공연하는 모습을 그린 기록화이다.

연극의 특징으로 자리 잡았지. 영국 사람들이 가장 자랑스러워하는 극작가인 셰익스피어도 바로 이 시절에 활동한 사람이야.

셰익스피어는 1564년에 태어났어. 그는 20대에 이미 「리처드 3세」, 「한여름 밤의 꿈」, 「로미오와 줄리엣」과 같은 역사극, 희극, 비극 등 다양한 작품을 써서 이름을 날렸지. 그리고 1599년에는 당시 매우 인기가 높았던 글로브 극장의 주요 작가가 되었어. 그는 이어서 「햄릿」, 「오셀로」, 「맥베스」, 「리어 왕」 등 위대한 작품을 연달아 세상에 내놓았단다.

엘리자베스 1세 시절 연극이 많이 상연된 글로브 극장의 모습을 그린 기록화이다. 글로브 극장에서는 셰익스피어의 작품을 많이 상연했다.

치밀한 구성, 머릿속에서 잊혀지지 않는 인물 창조, 풍부한 상상력, 화려한 언어 구사력 등이 셰익스피어 작품의 매력이야. 그는 당대의 연극을 고대 아테네 이후 최고의 예술적 경지에 올려놓았단다. 셰익스피어와 같은 뛰어난 작가 덕분에 영문학의 틀이 갖추어졌어.

| 프랑스가 강국으로 성장할 기틀을 마련하다 |

엘리자베스 1세가 영국의 힘을 키워 갈 때, 프랑스도 서서히 나라의 힘을 키워 갔어. 그 싹은 종교 개혁 운동에서 자라기 시작했단다.

독일에서 시작한 종교 개혁 운동은 스위스를 거쳐 프랑스까지 퍼졌어. 프랑스의 상인과 수공업자, 몰락한 귀족들 가운데 많은 사람이 스위스에서 활동한 칼뱅의 영향을 받아 종교 개혁을 지지했어. 이들을 위그노파라고 불러. 위그노파는 프랑스 북부에 많았는데, 이와 반대로 프랑스 남부에는 교황을 지지하는 가톨릭 세력이 강했어. 이처럼 북부와 남부의 입장이 달랐던 이유는 무엇일까?

남유럽의 중심 국가인 이탈리아, 에스파냐, 포르투갈 등은 가톨릭의 강력한 근거지였어. 이탈리아는 교황청이 있는 나라이고, 에스파냐와 포르투갈은 이슬람 세력과 오랫동안 싸우는 가운데 매우 열렬한 가톨릭 지지 국가가 되었기 때문이지. 이런 까닭에 당시 북유럽은 종교 개혁에 찬성하는 목소리가 높았지만, 남유럽은 반대하는 세력이 더 강했어. 그런데 프랑스는 남유럽과 북유럽의 중간쯤에 있는 나라야. 그래서 가톨릭을 지지하는 남부와 개신교를 지지하는 북부로 나뉘어 서로 으르렁거린 거야.

1562년부터 1598년 사이에 프랑스에서는 여덟 차례나 종교 전쟁이 일어났어. 전국에서 가톨릭 신앙 고백을 강요하는 폭력과 학살이 반복되었고, 온 나라는 쑥대밭이 되었지. 이 과정에서 많은 사람이 목숨을 잃었으며, 프랑스는 그야말로 완전히 두 동강이 난 것처럼 보였단다.

하지만 1590년에 앙리 4세가 왕이 된 뒤로 프랑스의 종교 전쟁도 조금씩 진정이 되었어. 사실 앙리 4세는 왕위에 오르기 전까지만 해도 개신교의 우두머리로서 전국을 누비며 전투를 지휘한 사람이야. 하지만 왕위에 오른 뒤로는 태도를 바꾸었단다.

"나 스스로 가톨릭으로 개종을 해야겠구나. 그렇게 해서 가톨릭 세력의 마음을 끌어안으면 전쟁을 끝낼 수 있을 것이다."

앙리 4세는 가톨릭으로 개종한 뒤로 4년에 걸쳐 협상을 벌였

앙리 4세가 말을 타고 파리 시내를 신하들과 함께 지나가는 모습을 그린 기록화이다. 앙리 4세는 신교도와 가톨릭 세력의 오랜 다툼을 끝내고, 왕권을 다지는 데 많은 노력을 기울였다.

어. 그리고 마침내 1598년에 낭트에서 새로운 칙령을 선포했어.

낭트 칙령은 양심의 자유와 권리의 평등을 선포하는 내용을 담고 있는데, 이 칙령의 선포는 30년 넘게 이어진 프랑스의 종교 전쟁을 끝내는 계기가 되었단다. 그런데 낭트 칙령은 위그노파는 그들이 강력한 공동체를 이룬 지역에서만 예배를 드릴 수 있다는 내용을 담고 있었어. 즉, 조건부로 신앙의 자유를 허용한 거야. 비록 신앙의 자유가 완전히 허용된 것은 아니었지만, 낭트 칙령을 통해 나라는 상당히 안정을 찾아 갔어.

나라가 어느 정도 안정을 찾자, 앙리 4세는 경제를 발전시키는 일에 노력을 기울였어. 오랜 세월 종교 전쟁이 격렬하게 휩쓸고 지나간 터라, 당시 프랑스의 경제 상황은 말이 아니었어. 다른 나라와의 교역은 바닥을 기는 수준으로 떨어졌고, 수공업도 매우 황폐해져서 생산 수준이 예전의 절반으로 떨어져 있었지. 게다가 심각한 흉작으로 물가는 치솟았어.

앙리 4세는 상인과 수공업자들을 다독여 상업과 생산을 장려하는 한편, 농지를 일구는 일에도 힘을 쏟았어. 이와 함께 강력한 권력을 누리던 대귀족들의 힘을 억누르고, 왕의 권력을 강화해 나라의 통합을 이루기 위해 노력했어. 그러나 그는 1610년에 그의 정책에 불만을 품은 귀족 세력들에게 암살당하고 말았어.

앙리 4세가 죽은 뒤 루이 13세가 왕이 되었어. 어린 왕이 왕위에 오르자 프랑스는 다시 혼란에 빠져 들었어. 그러다가 1624년에 리슐리외가 재상 자리에 오른 뒤로 프랑스는 다시 안정을 찾아 갔어. 리슐리외는 왕에게 모든 권력이 집중되도록 했어. 그래야 분열된 프랑스를 하나로 통합할 수 있다고 생각했기 때문이야. 귀족들은 자기네 세력이 약해지는 것을 두려워하며 리슐리외를 향해 반대의 목소리를 높였어. 하지만 리슐리외는 뜻을 굽히지 않았어. 그는 말을 듣지 않는 귀족들을 감옥에 가두거나, 심지어 목을 베기까지 했어. 또 귀족들의 성을 하나씩 무너뜨려 귀족이 왕에게 저항할 수 없게 만들었어.

이처럼 리슐리외가 왕권 강화 정책을 강력하게 실시한 덕분에 루이 13세의 뒤를 이은 루이 14세는 막강한 권력을 휘두를 수 있었어. 루이 14세는 강력한 왕권을 손에 쥐고 프랑스를 강력한 나라로 만들었단다. 이 무렵 프랑스의 육군은 15만 명이 넘는 규모로 성장했어. 그리고 프랑스는 강력한 군대를 앞세워 영국과 경쟁을 벌였고, 어느새 유럽을 대표하는 나라로 자리 잡았단다.

● 클릭! 역사 속으로
영국 문화를 한 단계 높인 셰익스피어

1592년, 영국 런던의 한 극장에서는 연극 준비가 한창이었어. 말을 탄 손님들이 극장으로 몰려들었어. 이 손님들이 타고 온 말을 '주차' 해 주는 일꾼은 바쁘게 뛰어다녔지. 배우들은 무대 뒤에서 초조하게 서성거리며 말을 주고받았어.

"오늘따라 왜 이리 관객이 많지?"

"저 친구가 쓴 연극이 재미있다고 소문나서 사람들이 이렇게 많은가 봐."

그 배우가 가리킨 곳에는 대머리 청년이 앉아 있었어. 이 청년은 마지막으로 대본을 보며 대사를 외우고 있었어. 대사가 길지 않은 것을 보니 그리 중요한 배역은 아닌가 봐. 이 청년에게는 연기보다 더 뛰어난 능력이 있었는데 바로 연극 대본을 쓰는 거였어.

이 청년이 쓴 연극은 아주 생생했어. 주인공들이 마치 늘 보던 이웃처럼 친근한 모습이라서 관객들은 주인공이 하는 고민, 사랑, 슬픔 따위를 자기 일처럼 느꼈어. 그래서 안타깝고 슬픈 장면에서는 큰 소리로 주인공을 위로하는 사람도 있었고, 웃기고 재미난 장면에서는 모두들 폭소를 터뜨렸어. 누구나 이 청년이 쓴 연극을 좋아했어.

이 청년이 바로 셰익스피어야. 셰익스피어의 연극은 차츰 인기가 높아져서 온 런던 사람이 셰익스피어의 연극을 보러 왔어. 가장 큰 극장에서 공연을 하고 나중에는 여왕 엘리자베스 1세 앞에서도 연극을 상연했어. 엘리자베스 1세는 셰익스피어가 지은 시를 듣는 것도 무척 좋아했어.

엘리자베스 1세의 뒤를 이은 제임스 1세도 셰익스피어의 연극을 무척 좋아했어. 왕만 쓸 수 있는 옷감을 셰익스피어 극단에 보내 배우들의 옷을 짓게 할 정도였지.

셰익스피어는 영국 사람들이 가장 사랑하는 작가가 되었어. 그래서 뒤에 어떤 영국 왕은 '인도를 내놓더라도 셰익스피어와는 바꿀 수 없다.'는 말을 했다고 하는구나.

동아시아의 새로운 질서

유럽 국가들 사이에서 주도권이 급격하게 옮겨 가고 있을 무렵, 동아시아에서도 국제 전쟁이 벌어져 세력 균형이 크게 흔들렸어. 1592년에 일본이 조선과 명을 상대로 일으킨 전쟁이 바로 그것이었지.

이 전쟁을 조일 전쟁, 혹은 임진왜란이라고 하는데, 조선과 일본 두 나라 문제로 끝나지 않고, 동아시아 전체에 큰 영향을 미쳤단다. 전쟁이 일어난 배경에서부터 전쟁의 결과에 이르기까지 여러 나라의 이해관계가 얽혀 돌아갔기 때문이지.

동아시아의 중심 세력으로 떠오른 일본이 조일 전쟁을 통해 남긴 것은 무엇이었을까? 또 그 뒤로 동아시아 내의 질서와 유럽과의 관계는 어떻게 바뀌었는지 알아보자.

히데요시가 일본을 통일하다

오다 노부나가는 일본 전국 시대의 혼란을 끝내고 통일의 기반을 닦아 나갔어. 그런데 통일이 거의 완성될 무렵, 노부나가는 부하의 공격을 받아 숨지고 말았지.

그 뒤로 노부나가의 부하였던 도요토미 히데요시가 권력을 잡았는데, 그는 통일을 이루기 위해 거침없이 나아갔어. 히데요시는

일본 전국 시대의 유명한 쇼군인 오다 노부나가의 초상화이다.

수륙 교통의 중심지로 번영을 누리던 오사카 성을 거점으로 해서 전국 규모의 토지 조사를 실시했단다. 이를 통해 자연스럽게 전국의 경제 상황을 파악했고, 동시에 통일의 필요성을 강조할 수 있었지.

히데요시는 농민에게서 칼, 활, 창 등의 무기를 거두어들여서 싸움이 벌어지는 것을 미리 막았어. 그리고 무사와 상인은 조카마치라는 성을 중심으로 발달한 도시에 거주하게 하고, 농민은 농촌에 거주하게 함으로써 병농 분리를 시도했어. 또 낮은 계급의 무사에서 최고로 높은 무사 지위에 오른 히데요시는 세력을 모으고 인재를 등용할 때 신분보다는 실력을 중시했다고 해. 노부나가는 엄격하고 때로는 무자비한 반면, 히데요시는 너그러웠다는 평가를 받는단다.

도요토미 히데요시의 초상화이다. 히데요시는 오다 노부나가의 부하 장수로 있다가 오다 노부나가가 갑작스레 죽자 그의 뒤를 이어받아 일본을 통일했다. 그 뒤 히데요시는 조선과 명을 손에 넣겠다는 야심을 품고 침략 전쟁을 일으켰다.

그러나 히데요시는 대외적으로는 결코 관용을 베풀지 않았어. 그는 통일을 이루는 과정에서 갑자기 유럽에서 온 선교사를 추방했어. 크리스트 교 세력이 커지면 통일을 이루는 데에 방해가 된다고 생각했기 때문이야.

히데요시는 일본을 통일한 뒤, 일본을 중심으로 동아시아 질서를 새롭게 짜려는 야망을 키웠어. 나라 밖으로 세력을 뻗어 가면 우선 다이묘들을 계속 군역에 동원할 수 있고, 그러면 권력을 자기에게 집중시킬 수가 있지. 또 전쟁에서 승리하면 경제적 이득까지 얻을 수 있으니 일석이조라는 계산을 한 거야.

히데요시는 명을 중심으로 한 국제 질서가 흔들리는 기회를 틈타 동아시아를 정복하려는 욕심을 거리낌없이 내보였어. 그는 1591년에 조선 왕에게 이런 편지를 보냈어.

"곧바로 명에 들어가 중국의 풍속을 일본의 풍속으로 바꾸어 놓을 것이다. …… 조선이 일본에 사신을 보낸다면 근심거리가 없어질 것이다. …… 내가 원하는 것은 다만 아름다운 이름을 세 나라에 떨치는 것이다."

그리고 나중에는 아시아를 정복하겠다는 야욕까지 드러냈어. 실제로 히데요시는 인도차이나의 왕들과 필리핀의 에스파냐 총독에게도 복종을 요구하는 편지를 보냈다고 해.

16세기 동아시아와 동남아시아의 해안 지역에서는 밀무역과 해적선, 유럽에서 온 선박들이 치열한 경쟁을 벌였어. 그런 상황이었으니 히데요시가 과감하게 대외 팽창 정책을 펼친 것도 그리 놀라운 일은 아니지.

1592년, 마침내 히데요시는 조선 침략에 나섰어. 그런데 조선에서는 전쟁이 일어나기 전부터 일본의 움직임을 눈치 채고 있었단다. 이이는 전쟁이 일어나기 10여 년 전부터 10만 명의 군대를 길러 전쟁에 대비해야 한다고 주장했지. 또 일본이 쳐들어오기 2년 전에 조선

일본 오사카 성의 모습이다. 오사카 성은 도요토미 히데요시가 조선을 침략할 때 머물던 성이다.

정부는 일본에 사신단을 보냈어. 1586년 이후로 히데요시가 조선에 자주 사신을 보내자 조선 정부도 일본 안에서 어떤 움직임이 일어나고 있는지 탐색할 필요를 느낀 거야. 조선의 시신이 일본에 산 것은 거의 100년 만의 일이었어.

이 무렵 히데요시는 명을 공격하겠다는 것을 공공연하게 밝혔어. 그런데 과연 일본이 조선까지 공격할 것인가를 두고는 조선 내에서 의견이 갈렸어. 사신단을 이끈 황윤길은 가능성이 있다고 주장했지만, 함께 간 김성일은 가능성이 없다고 주장한 거야. 이러한 의견 차이는 개인 문제에서 끝나지 않았어.

당시 정치를 이끌어 간 큰 세력인 서인과 동인 사이의 분쟁과 연결되면서 논쟁이 치열해졌지만, 결론은 나지 않았어. 그러는 사이 전쟁 대비는 뒷전으로 밀려났단다. 더구나 이 무렵 조선에서는 사림파가 정치의 주도권을 잡아 조선은 문치주의의 절정기를 누렸지. 하지만 국방과 관련해서는 별다른 대책을 마련하지 못했단다.

| 동아시아가 전쟁에 휘말리다 |

1592년, 도요토미 히데요시는 15만 명의 군대를 동원해서 조선을 침략했어. 일본의 육군은 일본 사절단이 조선에서 이용하던 세 갈래 길을 따라 북쪽으로 향했어. 그리고 해군은 조선의 남해와 황해를 돌아 물자를 대어 주면서 육군과 힘을 합치는 전략을 썼지. 일본군이 물밀듯이 밀려오자 조선의 왕, 선조는 한양을 떠나 북쪽으로 피했어. 일본군은 겨우 20일 만에 한양을 점령했어.

이처럼 일본군이 승승장구할 수 있었던 까닭은 무엇일까? 일본군은 100년 넘게 전국 시대를 보내는 동안 풍부한 전쟁 경험을 쌓아 잘 훈련되어 있었어. 또 병사 수도 조선보다 훨씬 많았으며, 유럽에서 들여온 신무기인 화승총까지 들고 있었지. 반면 조선군은 오랜 세월을 큰 전쟁 없이 지내 왔기 때문에 전투 경험이 부족했고, 훈련도 제대로 받지 못한 상태였어. 보고서에는 조선군의 수가 17만 명이었다고는 하지만, 실제로는 그에 크게 못 미쳤어.

하지만 얼마 뒤 조선 곳곳에서 의병이 일어나 일본군과 맞서기 시작했고, 수군이 뛰어난 활약을 벌인 덕분에 조선은 반격의 기회를 잡았어. 의병은 충성을 중요시하는 유생과 현지 관료, 생명과 재산을 지키려는 농민, 호국 불교의 전통을 간직한 승려 등으로 구성되어 있었어. 이들은 자신과 나라를 지키기 위해 스스로 참가했으므로 관군보다도 사기가 높았고, 향토 지리에 밝다는 이점도 지니고 있었단다.

한편, 바다에서는 이순신이 이끄는 수군이 맹활약을 펼쳤어. 이순신은 일본 수군을 물리치고 바다를 장악했어. 이순신은 거북선을 전쟁에 이용해 배의 전후좌우 열네 군데에서 대포를 쏘면서 적을 향해 돌격하는 방식으로 전쟁을 벌였어. 거북선은 조선에 불리하던 분위기를 역전시키는 데 일등 공신 역할을 했단다. 『징비록』*은 거북선의 활약상을 다음과 같이 기록했어.

"이보다 먼저 이순신은 거북선을 만들어 두었다. 배 위를 판자로 덮어서 그 형상이 거북과 비슷했다. 전사나 사공은 모두 배 안에 있고, 좌우전후에는 화포를 많이 실어서 종횡으로 움직여 돌아다니는 것을 베틀의 북과 같이 하고, 적의 배를 만나면 일제히 대포를 쏘아서 이를 쳐부수었다. 여러 배가 일시에 세력을 합해 공격하기 때문에 화약 연기가 하늘에 가득 차고, 적의 배를 몇 척이나 태웠는지 그 수를 알 수 없었다."

한편, 일본군을 피해 의주로 떠난 선조는 명에 도움을 요청

『징비록』*
조선 시대의 유성룡이 지은 책이다. 임진왜란이 끝난 뒤에 임진왜란의 원인, 전쟁의 상황 따위를 기록한 중요한 책이다.

이여송*
중국 명의 장군이다. 임진왜란 때에 병사 4만 명을 이끌고 조선을 도우러 와서 일본군과 싸웠다. 이여송의 조상은 조선 사람으로 명에 귀화했으며, 이여송은 전쟁 중에 조선인 부인을 맞이해 아들을 낳았다고 알려져 있다.

했어. 명도 일본의 조선 침략을 모른 척할 수 없었어. 조선이 무너지면 그다음에는 명으로 쳐들어올 것이 분명했으니 말이야. 명은 조선에서 일본군을 막는 것이 낫겠다고 판단하고, 대규모 지원병을 보낸단다. 1593년 1월, 이여송*이 이끈 명군은 조선 관군, 의병과 힘을 합쳐 평양성을 되찾았고, 일본군은 한양으로 물러났어. 이 무렵 조선의 권율 장군은 관군을 이끌고 한양 근처 행주산성에서 대승리를 거두어 일본군의 기세를 크게 꺾어 놓았지.

그 뒤 명과 일본 사이에 휴전 회담이 진행되었고, 3년 동안 전쟁이 멈추었어. 하지만 양측은 의견을 모으지 못했고, 일본은 1597년에 다시 14만 명이 넘는 대군을 이끌고 조선을 공격했어. 그러나 이번에는 조선군의 반격도 만만치 않았어. 휴전 회

왼쪽은 조일 전쟁 때 동래 부사 송상현이 부족한 병사를 이끌고 일본군에 맞서 전투를 벌인 장면을 그린 기록화이다. 오른쪽은 이순신이 명량에서 일본 수군을 물리치는 모습을 그린 기록화이다.

담이 진행되는 동안 무기를 새로 개발하고, 병사 훈련도 열심히 시켰기 때문이야.

그런데 그때 이순신이 모함을 받아 감옥에 갇히는 사건이 일어났어. 그 틈을 타서 일본 수군이 대대적으로 공격해 오자, 조선 수군은 큰 타격을 입었지. 그제야 조선 정부는 다시 이순신에게 수군 총사령관 자리를 맡겼어. 이순신은 겨우 배 열두 척을 이끌고 일본 수군에 맞서 싸웠단다.

그러던 1597년 8월, 히데요시가 병으로 세상을 떴어. 그러자 일본군은 앞 다투어 철수하기 시작했지. 이순신은 노량에서 철수하는 일본군의 앞을 가로막고 200여 척에 이르는 일본군 배를 격파했어. 큰 승리를 거두었지만, 이순신 자신은 전투 중에 일본군이 쏜 총탄에 맞아 숨을 거두고 말았지.

이로써 7년에 걸친 전쟁이 끝났어. 전쟁터가 된 조선, 지원군을 보낸 명, 전쟁을 일으킨 일본 모두 그 뒤로 큰 변화를 겪었단다.

조선과 명의 연합군이 일본군이 점령한 평양성을 공격하는 모습을 그린 기록화이다. 1593년 1월, 약 5만 명의 조선과 명 연합군은 힘을 합쳐 평양성의 일본군을 공격했다. 3일 밤낮을 가리지 않고 공격을 퍼부어 일본군 1만 여 명을 죽이고 승리를 거두었다. 평양성을 일본군에 빼앗긴 지 7개월 만의 일이었다.

동아시아의 질서가 바뀌다

일본이 조선을 침략하면서 시작된 7년 동안의 전쟁은 동아시아 정세에 큰 변화를 가져왔어. 명은 수만 명에 이르는 군사를 잃었으며, 거액의 군비도 쏟아 부었어. 물론 이것이 원인의 전부는 아니있지만, 조일 전쟁을 비롯해 세 차례의 전란을 진압하는 동안 명의 재정은 크게 흔들렸어. 이것은 명이 만주족*에게 정권을 빼앗기는 이유 가운데 하나가 되었단다.

명과 조선의 관계에도 큰 변화가 생겼어. 전쟁 이전까지 조선은 명에 조공 사절을 파견하면서도 자주성과 자존 의식을 지키려는 노력을 게을리 하지 않았어. 하지만 전쟁이 끝난 뒤 조선의 지식인들은 훨씬 강하게 명에 대해 사대주의를 드러냈단다. 조선이 위기에 처했을 때 도움을 받았으니 은혜에 보답해야 한다는 논리로 말이야.

그런데 얼마 뒤 명이 만주족 때문에 위기에 처하자 문제가 복잡해졌어. 명은 조선을 향해 은혜를 갚으라고 재촉하면서, 군사적·경제적 지원을 하라고 강요했어. 이 요구에 어떻게 대응할지를 둘러싸고 광해군과 신하들의 의견이 갈라졌어. 광해군은 명이 기울고, 만주족이 떠오르는 당시의 국제 정세를 냉정하게 읽고 있었어. 그래서 신중하게 중립 외교를 지키려 했지만, 광해군에게 불만을 품은 관리들은 광해군을 쫓아내고 말았어.

그 뒤 조선 정부의 태도는 만주족을 밀어내고, 명에 대한 사대주의를 강화하는 방향으로 기울었어. 조선의 유학자들이 힘의 논리보다는 대의명분을 더 중요시했기 때문이야. 만주족은

만주족*
오늘날의 만주 지역에 살던 부족을 가리키는 말이다. 숙신, 읍루, 말갈, 여진 등이 만주족의 이전 이름이다. 만주라는 이름은 인도의 산스크리트 어인 '만쥬사리'에서 유래했다고 알려져 있다. 1636년에 '청'이라는 나라 이름이 정해지면서 만주 지역의 여러 부족을 통합하는 민족 명칭이 되었다.

농경과 유목을 함께하던, 이른바 '오랑캐'였어. 그러니 그들의 힘이 점차 강해지고 있다는 것을 알면서도 그들을 배척한 거지. 하지만 오랑캐로 여겨 온 만주족이 나라 이름을 청으로 바꾸고 침입해 오자 조선도 더는 어쩔 수가 없었어. 조선의 인조는 청 황제에게 무릎을 꿇고 군신 관계를 맺었단다.

한편, 조선과 일본의 관계는 당연히 나빠졌어. 하지만 전쟁을 치르는 과정에서 두 나라는 적지 않게 문화 교류를 했단다.

먼저, 조선은 전쟁을 겪으면서 화약 무기의 중요성을 깨달았어. 전쟁 당시 조선에 항복해 온 일본군도 적지 않았는데, 이들을 통해 일본의 화승총이 알려졌어. 또 명을 통해서는 서양식 대포가 들어왔지.

한편, 일본군 중에는 군량미가 모자라 어쩔 수 없이 투항한 이들도 있었지만, 처음부터 히데요시의 정책에 불만을 품고 적극적으로 조선에 투항한 사람도 있었어. 전쟁이 시작된 직후 투항한 사야카가 대표적인 경우야. 그는 조선군에 입대해 일본군과 싸워 공적을 세웠으며, 김충선이라는 조선식 이름까지 얻었단다.

일본군은 전쟁 기간 동안 조선에서 수없이 많은 서적과 구리 활자, 불교 회화 등을 약탈해 갔어. 강제로 데려 간 조선 사람의 수도 엄청났지. 일본에 끌려간 조선 사람들은 대부분 돌아오지 못하고 일본에서 생을 마쳤단다. 끌려간 조선 사람 가운데에는 농민이나 도공이 많았어. 그리고 유학자도 포함되어 있었는데, 그들은 일본에서 성리학이 발달하는 데 큰 공헌을 했어. 그 가운데 대표적인 인물이 강항이야.

강항은 유학자이자 관리였는데, 의병을 모아 일본에 맞서 싸우다가 1597년에 포로가 되어 일본으로 끌려갔지. 그는 일본에 붙잡혀 있는 동안 승려인 후지와라 세이카에게 성리학을 전했어. 후지와라는 그 뒤로 승려 생활을 그만두고 성리학에 전념했어. 그리고 에도 시대의 성리학을 이끌며 일본 사회에 큰 영향을 미쳤지. 또 전쟁 통에 이황의 책이 일본에 전해졌는데, 이황의 가르침은 일본에 성리학이 뿌리내리는 데 큰 역할을 했단다.

또한 전쟁은 일본과 명의 지배 세력이 바뀌는 데에도 많은 영향을 미쳤어. 일본에서는 히데요시가 죽은 뒤 도쿠가와 이에야스의 에도 바쿠후가 시작되었고, 중국에서는 명이 무너지고 청이 들어섰지.

전쟁 때문에 교역도 활동이 주춤했지만, 얼마 안 가 세 나라는 다시 교역을 시작했어. 조선과 청은 조공 관계를 이어 갔고, 조선과 일본 사이에도 곧 외교와 무역이 다시 시작되었단다. 조선은 일본의 요청이 있을 때에 통신사라는 이름으로 축하 사절을 보냈으며, 일본의 사신과 상인도 끊임없이 조선을 방문했어. 1678년에는 부산에 500여 명 규모의 일본인 마을을 두기도 했지.

조일 전쟁 뒤 도요토미 히데요시의 뒤를 이어 일본을 다스린 도쿠가와 이에야스의 초상화이다. 도쿠가와 이에야스는 오늘날의 도쿄인 에도를 근거지로 삼아 에도 바쿠후 시대를 열었다. 도쿠가와 이에야스의 에도 바쿠후는 내부 안정과 발전에 힘을 쏟아 동아시아에는 거의 300여 년 동안 평화로운 시기가 이어졌다.

그러나 전쟁 이후 조선과 에도 바쿠후는 각자 해금 정책을 강화했고, 새로 들어선 청 역시 남아 있는 명의 세력을 없애려고 해금 정책을 강화했어. 유럽의 여러 나라들이 앞 다투어 아시아 진출을 시도하던 바로 그 시점에, 조일 전쟁은 동아시아 삼국의 해양 정책을 움츠러들게 만든 셈이지.

그렇지만 다른 한편, 조일 전쟁은 동아시아에 평화를 가져오기도 했어. 전쟁에서 큰 피해를 당한 세 나라가 그 뒤 서로 충돌을 피하기 위해 노력했기 때문이지. 하지만 이 평화는 19세기 말, 일본이 다시 침략의 야심에 휩싸이면서 깨어지고 만단다.

클릭! 역사 속으로
일본을 통일한 두 주역, 노부나가와 히데요시

도요토미 히데요시는 어릴 적에 집을 나온 떠돌이 소년이었어. 히데요시는 성주인 오다 노부나가 아래에서 일을 해야겠다고 결심했어. 어느 날, 히데요시는 노부나가가 말을 타고 길을 나서자 길 앞에 꿇어 엎드려 성에서 일을 하게 해 달라고 간청했어. 노부나가는 히데요시를 거두어 땔감을 관리하는 일을 시켰어.

어느 날, 노부나가가 히데요시를 불렀어. 히데요시는 놀라 허둥거리며 노부나가 앞으로 나갔지. 노부나가의 손에는 히데요시가 땔감을 얼마나 샀는지 기록해 둔 종이가 들려 있었어.

노부나가가 입을 열었어.

"너를 이제 신발 담당으로 삼겠다."

히데요시는 깜짝 놀랐어. 신발 담당이라면 노부나가를 늘 따라다니면서 신발이 필요할 때 상황에 따라 알맞은 신발을 내놓는 일인데, 땔감 관리보다는 높은 자리였기 때문이지.

히데요시는 생각했어.

'아, 그동안 내가 땔감을 잘 관리해서 절약한 일을 높이 평가하셨나 보다. 정말 다행이야.'

히데요시는 힘도 없고 배운 것도 없었지만 노부나가는 그런 것은 따지지 않았어. 능력만 있다면 누구든지 높은 자리로 올려 썼지. 히데요시는 일본을 통일하겠다는 야망을 품은 노부나가 아래에서 부지런히 일했어. 언제나 다른 사람이 생각도 못한 방법으로 맡은 일을 훌륭히 해냈지. 그래서 나중에는 무사들을 이끄는 대장이 되었고 마침내 노부나가의 뒤를 이어 일본을 통일했지.

일본의 기업가들은 오다 노부나가와 도요토미 히데요시를 본받자고 말하곤 해. 오다 노부나가의 '혁신 능력'과 도요토미 히데요시의 '기회를 잡는 능력'을 본받으려고 하는 거지.

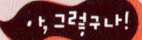

총과 화포의 시대

총과 화포가 등장하기 전 전쟁에서 가장 큰 위력을 발휘한 것은 기마 부대였어. 말을 탄 아시아의 유목민들은 아시아와 유럽을 휘젓고 다녔고, 중세의 유럽 기사들 역시 말을 타고 전쟁터에서 큰 활약을 벌였지. 하지만 총과 화포의 등장으로 이들의 시대는 끝나고 말았단다.

- 중국에서 화약이 전해졌어. 그 뒤 화약 성능을 높이고, 철을 다루는 기술 등 관련 기술의 발달이 빠르게 이뤄졌지.

- 13세기 이후 유럽 여러 나라들은 상업과 교역으로 부유해졌어. 이들 나라들은 신무기 개발과 구입에 돈을 아끼지 않았단다.

- 15세기~16세기 사이에 유럽에서는 전쟁이 매우 잦았어. 3년에 한 번 꼴로 큰 전쟁이 일어났고, 전 유럽의 90퍼센트 가량이 전쟁 상태였어.

유럽에서 총과 대포의 성능이 매우 빠르게 좋아졌어. 그리고 유럽 사람들은 대포를 배에 설치한 튼튼한 함선도 개발했단다. 신무기로 무장한 유럽 사람들은 전 세계 바다를 누비고 다녔어.

해양 항해의 역사

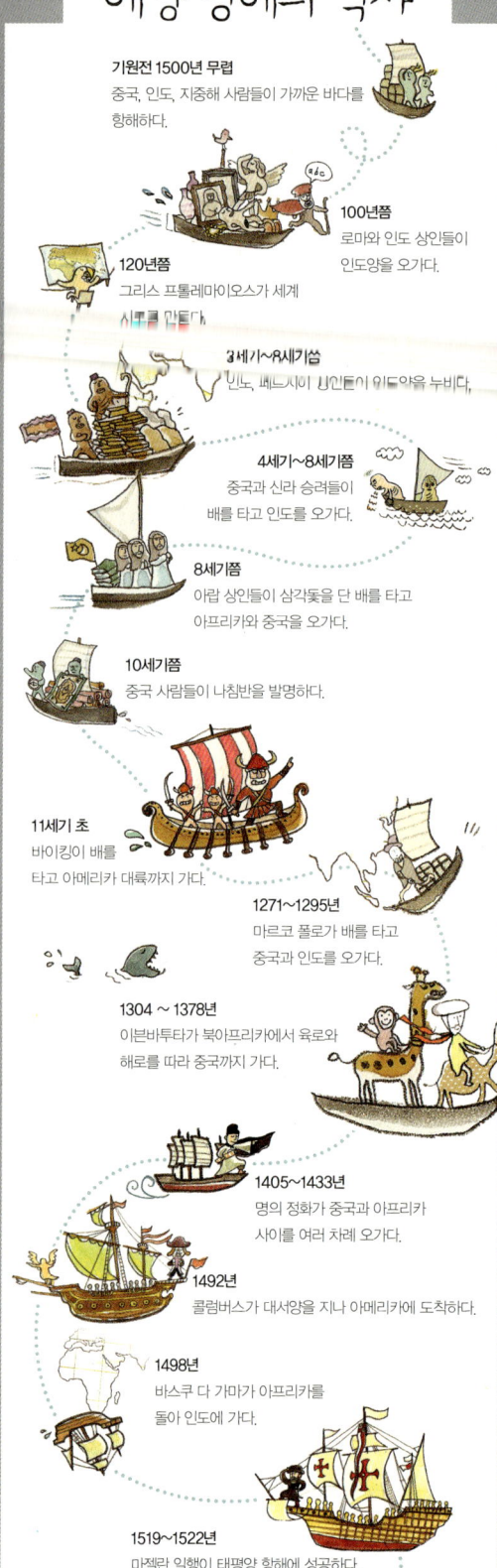

기원전 1500년 무렵
중국, 인도, 지중해 사람들이 가까운 바다를 항해하다.

100년쯤
로마와 인도 상인들이 인도양을 오가다.

120년쯤
그리스 프톨레마이오스가 세계 지도를 만들다.

3세기~8세기쯤
인도, 페르시아 상인들이 인도양을 누비다.

4세기~8세기쯤
중국과 신라 승려들이 배를 타고 인도를 오가다.

8세기쯤
아랍 상인들이 삼각돛을 단 배를 타고 아프리카와 중국을 오가다.

10세기쯤
중국 사람들이 나침반을 발명하다.

11세기 초
바이킹이 배를 타고 아메리카 대륙까지 가다.

1271~1295년
마르코 폴로가 배를 타고 중국과 인도를 오가다.

1304 ~ 1378년
이븐바투타가 북아프리카에서 육로와 해로를 따라 중국까지 가다.

1405~1433년
명의 정화가 중국과 아프리카 사이를 여러 차례 오가다.

1492년
콜럼버스가 대서양을 지나 아메리카에 도착하다.

1498년
바스쿠 다 가마가 아프리카를 돌아 인도에 가다.

1519~1522년
마젤란 일행이 태평양 항해에 성공하다.

1400~1500년

아시아

1405년 명의 정화가 남해 원정을 시작하다.

1408년 명의 영락제가 『영락대전』을 완성하다.

1428년 베트남에 레 왕조가 성립하다.

1431년 명의 정화가 7차 원정을 시작하다.

1441년 장영실이 측우기를 발명하다.

1446년 세종이 훈민정음을 반포하다.

1453년 오스만튀르크 제국이 비잔티움 제국을 멸망시키다.

1467년 일본에서 전국 시대가 시작되다.

1498년 바스쿠 다 가마가 인도에 도착하다.

유럽

1414년 콘스탄츠 공의회가 열려 교회 대분열이 끝나다.

1429년 잔 다르크가 영국군을 물리쳐 프랑스를 위기에서 구하다.

1446년 구텐베르크가 유럽 최초로 활판으로 인쇄하다.

1455년 영국에서 장미 전쟁이 일어나다.

1479년 에스파냐 왕국이 성립하다.

1480년 러시아가 몽골의 지배에서 완전히 독립하다.

1487년 바르톨로메우 디아스가 희망봉을 발견하다.

1492년 콜럼버스가 아메리카에 도착하다.

1498년 바스쿠 다 가마가 인도 항로를 개척하다.

아프리카

1430년쯤 짐바브웨에 큰 돌 성벽이 만들어지다.

1500년쯤 콩고 왕국이 번영하다.

1500년쯤 베냉 왕국이 전성기를 누리다.

1500년쯤 송가이 왕국이 서아프리카에서 번영을 누리다.

아메리카

1450년쯤 잉카의 도시 마추픽추가 세워지다.

1440~1468년 몬테수마 2세가 아스텍 제국을 다스리다.

1492년 콜럼버스가 아메리카에 도착하다.

1493년 에스파냐가 식민지를 건설하다.

1500~1520년

1501년 사파비 가문이 페르시아를 재건하다.
1509년 왕수인이 지행합일설을 주장하다.
1511년 포르투갈이 믈라카 술탄국을 점령해 식민지로 만들다.
1520년쯤 자와의 마자파힛 왕국이 멸망하다.

1520~1580년

1520년 술레이만 1세가 오스만튀르크 제국의 술탄이 되다.
1526년 바부르가 무굴 제국을 건국하다.
1556년 악바르가 무굴 제국의 제3대 황제가 되다.
1571년 에스파냐가 필리핀을 차지하다.
1572년 장거정이 개혁 정책을 펼치다.

1580~1620년

1582년 마테오 리치가 마카오에 상륙하다.
1583년 이이가 십만 양병설을 주장하다.
1590년쯤 누르하치가 만주의 여러 부족을 통합해 힘을 키우다.
1590년 도요토미 히데요시가 일본을 통일하다.
1592년 조일 전쟁이 일어나다.
1603년 도쿠가와가 새로운 바쿠후 시대를 열다.
1603년 마테오 리치가 『천주실의』를 출판하다.

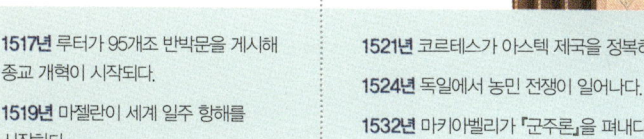

1517년 루터가 95개조 반박문을 게시해 종교 개혁이 시작되다.
1519년 마젤란이 세계 일주 항해를 시작하다.
1519년 레오나르도 다빈치가 죽다.

1521년 코르테스가 아스텍 제국을 정복하다.
1524년 독일에서 농민 전쟁이 일어나다.
1532년 마키아벨리가 『군주론』을 펴내다.
1533년 피사로가 잉카 제국을 정복하다.
1536년 칼뱅이 제네바에서 종교 개혁을 시작하다.
1543년 코페르니쿠스가 『천체의 회전에 관하여』를 펴내다.
1556년 펠리페 2세가 에스파냐 왕이 되다.
1558년 엘리자베스 1세가 영국 왕이 되다.
1562년 프랑스에서 위그노 전쟁이 일어나다.
1564년 미켈란젤로가 죽다.
1571년 에스파냐와 오스만튀르크 제국 사이에 레판토 해전이 일어나다.

1581년 네덜란드가 에스파냐로부터 독립을 선언하다.
1588년 에스파냐의 무적함대가 영국에 패하다.
1598년 프랑스의 앙리 4세가 낭트 칙령을 발표해 신앙의 자유를 인정하다.
1600년 영국이 동인도회사를 세우다.
1609년 네덜란드 공화국이 에스파냐에서 독립하다.

1505년 포르투갈이 동아프리카에 무역 기지를 세우다.
1510년 포르투갈이 노예 무역에 앞서다.

1546년 송가이 왕국이 말리 왕국을 무너뜨리다.
1575년쯤 포르투갈이 앙골라를 침략하다.

1591년 송가이 왕국이 기울다.

1510년 아프리카 흑인이 최초로 노예로 끌려오다.

1521년 코르테스가 아스텍 제국을 침략하다.
1532년 피사로가 잉카 제국을 침략하다.
1545년 포토시 은광을 발견하다.
1560년쯤 포르투갈이 브라질에서 사탕수수 농사를 짓다.

1607년 영국 사람들이 제임스타운을 만들다.
1620년 청교도가 아메리카에 도착하다.

211

찾아보기

ㄱ

가마쿠라 바쿠후 14, 65
갈릴레오 89
갈레온 139
감자 112
감합 무역 16
강항 205
거북선 200
『경국대전』 20
고아 133, 152, 177
「곤여만국전도」 177
관학파 57
광해군 204
구텐베르크 84
95개조 반박문 97
길재 57

ㄴ

나폴리 35
난징 12
남만 무역 153
남북조 시대 15
낭트 칙령 193
네덜란드 130, 185

노부나가 182, 196
뉴턴 89

ㄷ

다도 66
「다비드 상」 84
다빈치 38
다이묘 65, 174
다케다 신겐 182
단테 81
대항해 시대 43
데바 라야 2세 25
『데카메론』 82
델리 술탄국 121
도미니크회 179
도요토미 히데요시 196
도쿠가와 이에야스 206
도학 정치 58
『돈키호테』 164
『동국통감』 18
『동방견문록』 129
동인도 제도 137
동인도회사 188
드레이크 185, 186

ㄹ

런던 189
레오 10세 95
레오나르도 다빈치 83
레판토 만 183
로렌초 메디치 97
로욜라 174
루이 13세 194
루이 14세 194
루터 100, 160
류큐 왕국 17
류큐 20
르네상스 38, 80, 81
리슐리외 194
리스본 47
「리어 왕」 191

ㅁ

마누엘 왕 138
마닐라 140, 142
마르코 폴로 129
마르틴 루터 96
마테오 리치 177
만주족 204

말레이시아 28
말루쿠 제도 24, 134
「맥베스」 191
메디치 가문 37
메메트 2세 32, 68, 71
면벌부 94
면직물 128
명 10, 111
「모나리자」 83
몬테수마 2세 50
몽골 제국 10
무굴 제국 111, 120
무적함대 142, 187
무로마치 바쿠후 14, 63
믈라카 술탄국 26, 47, 134
미나모토 요리토모 14
미마르 시난 73
미켈란젤로 38, 83
밀레트 32, 73

ⓑ
바랑가이 138
바로크 문화 178
바르톨로메우 디아스 46

바부르 120
바스쿠 다 가마 44, 152
바타비아 142
버지니아 189
베네치아 33, 35, 81
「베니스의 상인」 35
베르길리우스 81
보카치오 81
보티첼리 38
볼로냐 90
브라질 48
비자야나가르 왕국 22, 123
비잔티움 제국 30, 35
빈 70
빈민법 185

ⓢ
사대교린 20
사대주의 204
사림파 58
사비에르 174
사야가 205
사츠마 174
사파비 가문 75

생사 151
샤 76
서경덕 58
서원 58
성 베드로 성당 95
『성경』 95
성리학 56, 144
성삼문 56
세르반테스 164
세밀화 72
세종 18
셀림 1세 76
셀림 2세 161
셀주크튀르크 30
셰익스피어 35, 191
『손자병법』 65
쇼군 14
수니파 76
술레이마니예 사원 73
술레이만 1세 68
시아파 76
시암 27
『신곡』 81
신성 동맹 162

십자군 전쟁 35, 41, 80, 95
쑤저우 60, 145
쓰시마 섬 15

ㅇ

아리스토텔레스 89
아바스 1세 76
아비뇽 92
아스텍 제국 49
아우구스부르크 102
아카풀코 140
아타우알파 50
악바르 123
알탄 칸 149
앙리 4세 192
양명학 60, 144
양지 62
에도 바쿠후 206
에라스뮈스 86, 100
에르난 코르테스 48
에스파냐 14, 42
엔히크 43, 46
엘리자베스 1세 184, 190
엘리자베스 여왕 130

영락제 12, 60
예수회 168
예정설 101
오다 노부나가 173
「오셀로」 191
오스만뒤르크 30, 35, 42
왕수인 60
왜구 152
『용비어천가』 18
『우신예찬』 86
위그노 102, 191
『유토피아』 86
육두구 24
이그나티우스 로욜라 168
이사벨 여왕 44
이성계 17
이순신 200
이스마일 1세 75, 123
이스탄불 32, 71
이스파한 77
이여송 201
이이 58
이황 58, 205
일조편법 149

임진왜란 196
잉카 108
잉카 제국 49

ㅈ

자명종 176
장로 제도 100
장로교 102
전국 시대 64
정도전 17, 56
정화 12, 27, 45
제노바 36, 81
조공 책봉 체제 12
조광조 58
조로아스터 교 126
『조선왕조실록』 18
조식 58
조일 전쟁 196
조카마치 197
종교 개혁 운동 191
주원장 10, 61
지동설 88
지즈야 126
『징비록』 200

ㅊ

『천주실의』 178
『천체의 회전에 관하여』 89
청교도 102
촐라 왕국 24
「최후의 만찬」 83
춘추 시대 65
츠빙글리 99

ㅋ

카를 5세 98, 137
카스티요 108
칼리프 71
칼뱅 99, 191
칼뱅파 102
캘리컷 47, 132
케찰코아틀 49
케플러 89
코르테스 108, 114
코페르니쿠스 87
코페르니쿠스적 발상 87
콘스탄티노플 42
콜럼버스 43, 108, 137

ㅌ

탁발 수도단 117
토마스 뮌처 99
토머스 모어 86
통신사 206
트리엔트 공의회 169
티무르 120

ㅍ

페르디난드 마젤란 137
페트라르카 81
펠리페 2세 160, 166, 172, 186
펠리페 황태자 138
포르투갈 14, 42, 130, 165
포토시 109, 150
프란시스코 사비에르 168
프란시스코 피사로 48
프로테스탄트 99
프로테스탄트 바람 188
플랜테이션 116
플로린 37
피렌체 35
피사로 108
「피에타」 84

피우스 5세 161
필리핀 138

ㅎ

하기아 소피아 32
한글 18
항저우 60
『항해록』 45
해금 정책 176, 206
『해동제국기』 20
「햄릿」 191
향료 41
향신료 24
향약 59
「혼일강리역대국도지도」 19
화승총 152, 176, 181, 199
화약 혁명 180
화포 176
환관 61
황금의 섬 153
후마윤 122
후지와라 세이카 205
휴머니즘 87
희망봉 46

그림

권재준 님은 본문 그림을 그렸고, 김수현 님은 '클릭! 역사속으로', '아, 그렇구나!'의 그림을 그렸습니다.

사진 제공

(주)유로포토 서비스, 브릿지먼(The Bridgeman Art Library), 유로포토, 탑포토(TopPhoto), 유로포토, AAA(Ancient Art & Architecture Collection), 유로포토, 차이나 포토 프레스(China Foto Press), 유로포토, 이미지차이나(Imaginchina), 유로포토, 파노마라(Panorama Stock Photo), 유로포토, 인터포토(Interfoto), (주)토픽포토에이전시, 코비스(Corbis), 레씽(Erich Lessing Cultur and Fine arts Arcives)
The Granger Collection, 국립진주박물관, 육군박물관

※ 맞춤법, 띄어쓰기는 국립국어원에서 펴낸 「표준국어대사전」을 기준으로 삼았습니다. 단, 역사 용어와 띄어쓰기는 교육인적자원부가 펴낸 「교과서편수자료」를 기준으로 했습니다.
※ 외국 인명, 지명은 국립국어원의 「외래어 표기 용례집」을 따랐습니다. 단, 「외래어 표기 용례집」에 나오지 않는 인명, 지명은 현지음에 가깝게 적었습니다. 또 중국 인명은 신해혁명(1910년)을 기점으로 한자음과 현지음으로 나누었고, 중국 지명 중 현재 남아 있는 지명은 현지음, 없어진 지명은 한자음을 따랐습니다.